Family Guide

Angelika Tiefenbacher

Mein Kind ist trotzig

compact via

Außerdem erhältlich:
- Massagen für Ihr Baby – Wohltuende und sanfte Berührungen
- Kinder spielend fördern – Entwicklung gezielt unterstützen
- Fröhliche Kinder – Harmonisch durch den Familienalltag
- Alle Mäuse fliegen hoch – Ratespiele, Rätsel und Reime für fröhliche Reisen
- Kinder lieben Lieder – Mit Musik und Spaß durchs Leben
- Klare Regeln für Kinder – Mit Liebe und Konsequenz erziehen
- So wird mein Kind sauber – Trocken und zufrieden ohne Windel
- Wie Kinder schlafen lernen – Entspannt und ruhig durch die Nacht
- Feste für Kinder – Kreative Ideen für lustige Feiern
- Kochen für die Kleinsten – Die beliebtesten Kindergerichte für jeden Tag

compact via ist ein Imprint der Compact Verlag GmbH

Text: Angelika Tiefenbacher (außer S. 13, 62, 90)
Chefredaktion: Evelyn Boos
Redaktion: Anja Fislage, Lea Hoy
Produktion: Johannes Buchmann
Titelabbildungen: iStockphoto.com/YazolinoGirl (o. li.), polylooks.de (o. M.), iStockphoto.com/heidijpix (o. re.), iStockphoto.com/wildcat78 (u.)
Layout: h3a GmbH, München
Umschlaggestaltung: h3a GmbH, München

ISBN 978-3-8174-8360-0
381748360/2

Besuchen Sie uns im Internet: www.compact-via.de

Inhalt

Vorwort

Im Alter zwischen zwei und sechs Jahren machen kleine Kinder riesige Entwicklungsschritte. Langsam merken sie, dass die Welt außerhalb des Elternhauses nur darauf wartet, von ihnen entdeckt zu werden. Mit drei Jahren kommen die meisten in den Kindergarten und ein paar Jahre später in die Schule. Die Zeitspanne bis zur Einschulung läuft selten ohne kleinere oder auch größere Probleme ab. Gerade Ängste und Aggressionen tauchen bei Kindern zwischen zwei und sechs Jahren häufig auf und gehören zum Großwerden dazu. Doch viele Eltern sind verunsichert, wenn ihr Kind sich beim Einkaufen plötzlich auf den Boden wirft, stampft und schreit, weil es den gewünschten Lolli nicht bekommt. In der Trotzphase versuchen die Kleinen, sich selbst zu behaupten. Das ist genauso normal, wie wenn Kinder Trennungsängste entwickeln oder sich plötzlich vor dem großen Hund des Nachbarn fürchten. Ängste, Trotz und Wut haben durchaus ihren Sinn und sind für die Entwicklung von Kindern zu eigenständigen Persönlichkeiten sehr wichtig.

Dieser Ratgeber möchte Sie in dieser schwierigen Zeit begleiten und unterstützen. Er liefert Ihnen praktische Tipps und Lösungsvorschläge, wie Sie kritische Situationen sofort entschärfen können. Sie erfahren zudem, welche Ängste, Wutattacken und Trotzphasen zum Erwachsenwerden dazugehören und wann Sie sich besser an einen Arzt wenden sollten. Die genaue Beschreibung verschiedener Methoden, Wutanfällen vorzubeugen und Ihr ängstliches Kind zu beruhigen, hilft, aus schwierigen Tagen mit Ihrem Kind schöne Tage zu machen.

Entwicklungsphasen des Kindes

Zweijährige: Am liebsten bin ich bei Mama

Im Alter zwischen zwei und sechs Jahren durchlaufen Kinder unterschiedliche Entwicklungsphasen. Der Übergang zwischen den verschiedenen Zeitspannen ist fließend und unterscheidet sich individuell von Kind zu Kind.

Erster Schritt in die Selbstständigkeit

Ein zweijähriges Kind ist noch relativ abhängig von Mama oder Papa. Das Laufen, das die meisten Kinder im Alter von 15 Monaten beherrschen, ist aber schon der erste Schritt in die Selbstständigkeit, die nun mehr und mehr ausgebaut wird. Wenn die Bedürfnisse des Säuglings schnell und zuverlässig erfüllt wurden, fühlt sich das Kind in seinem weiteren Leben ernst genommen und ist mit einem gesunden Selbstwertgefühl ausgestattet. Es hat ein Urvertrauen entwickelt und erlebt die Welt als sicher, freundlich und verlässlich. Wenn schon Babys negative Erfahrungen machen mussten, kann dies noch lange danach gravierende Auswirkungen haben. Solche Kinder sind häufig misstrauisch und haben Probleme, feste Beziehungen aufzubauen.

TIPP

Alternativen bieten

Die Frage „Willst du dir jetzt die Zähne putzen?“ kann die Kleinen zu einem energischen „Nein“ provozieren und einen Wutanfall auslösen. Stellen Sie Ihrem Kind Alternativfragen. Fragen Sie: „Willst du dir selbst die Zähne putzen, oder soll ich sie dir putzen?“ Ihr Kind hat keine Möglichkeit, auf diese Frage mit „Nein“ zu antworten, und fühlt sich ernst genommen, weil Sie ihm das Gefühl geben, mit entscheiden zu können.

Jannik möchte Apfelsaft

Im Alter von etwa zweieinhalb Jahren hören Kinder auf, von sich in der dritten Person zu sprechen. Statt „Jannik möchte Apfelsaft haben“ sagen sie jetzt „*Ich* möchte Apfelsaft haben“. Auch das ist ein deutliches Zeichen dafür, dass die Kleinen sich mehr und mehr als eigenständige Wesen begreifen. Dazu gehört auch die Trotz- oder Autonomiephase, in der die Kinder ihren eigenen Willen durchsetzen möchten und die Wirkung des Wortes „Nein“ austesten. Mit dem zweiten Lebensjahr werden erste Beziehungen außerhalb der Familie wichtig. Das Interesse an Gleichaltrigen wächst. Bei diesen Begegnungen brauchen die kleinen Kinder noch Mama oder Papa im Hintergrund, die sie beispielsweise an die Hand nehmen und gemeinsam mit ihnen zum Nachbarjungen gehen. Kleine Kinder haben oft Verlustängste und fühlen sich am sichersten, wenn Sie in der Nähe sind. Sie sollten Ihr Kind deshalb nicht überfordern und Rücksicht auf seinen Wunsch nach Nähe nehmen, es aber gleichzeitig darin unterstützen, eigene Erfahrungen zu machen.

Dreijährige: Ich entdecke die Welt

Für dreijährige Kinder steckt die Welt voller Wunder, und die meisten von ihnen können es gar nicht erwarten, sie zu entdecken. Das Leben ist aufregend, und manchmal vergessen die Kinder sogar, an Mama und Papa zu denken. Langsam werden die Kleinen selbstständiger. Dabei verstehen sie es ausgezeichnet, ihre Bedürfnisse zum Ausdruck zu bringen. Jede Mutter und jeder Vater wird das energische „Allein machen!" kennen. Bitte geben Sie diesem Wunsch so oft wie möglich nach, auch wenn es doppelt so lange dauert, bis sich Ihre Tochter oder Ihr Sohn allein angezogen hat. Mit der Zeit wird Ihr Kind Übung bekommen und Sie durch die Mithilfe entlasten.

Bezugspersonen

Dreijährige können Beziehungen zu Bezugspersonen außerhalb der Familie aufbauen. Das Kind ist mehr und mehr in der Lage, sich in andere hineinzuversetzen und Mitleid zu zeigen. Dreijährige Mädchen und Jungen sind offen, neugierig und wissbegierig. Gleichzeitig wächst das Interesse an anderen Kindern, und erste Freundschaften entstehen. Deshalb ist mit dem dritten Geburtstag der ideale Zeitpunkt für den Besuch des Kindergartens gekommen. Mit dem ersten Kindergartentag beginnt ein neuer Lebensabschnitt. Stabile Beziehungen zu Mutter und Vater sowie liebevolle Unterstützung während der ersten Zeit helfen den Kleinen über manche Träne hinweg. Nach spätestens einem halben Jahr sind die Neulinge integriert und können sich ein Leben ohne den Kindergarten, die lieb gewonnenen Erzieher und die neuen Freunde oft gar nicht mehr vorstellen. Der Kindergartenbesuch sollte nicht die erste Trennung zwischen Ihnen und Ihrem Kind werden, sonst dauert die Eingewöhnung möglicherweise sehr lange. Lassen Sie Ihr Kind schon vorher stundenweise von einem Babysitter, einer Tagesmutter oder der Oma betreuen. Vielleicht kann Ihr Kind auch einmal bei den Großeltern oder beim besten Freund übernachten. Solche kurzen Trennungen auf Zeit geben Ihrem Kind Selbstbewusstsein und stärken es für den Kindergartenbesuch und das Leben.

Stampfende Wutmonster

Das Alter von drei Jahren kann nervenaufreibend für beide Seiten, für Kinder und Eltern, sein. Stimmungsschwankungen sind an der Tagesordnung. Oft sind es Kleinigkeiten, die aus den lieben Kleinen stampfende Wutmonster machen. Eifersucht und Verlustängste können auftreten, weil zu diesem Zeitpunkt häufig ein Geschwisterchen geboren wird. Auch Ängste können sich entwickeln. Manche Kinder kommen trotz guter Vorbereitung mit Trennungen nicht klar. Andere fürchten sich vor Fremden oder Tieren. Immer wenn Probleme auftreten, sollten Sie sich geduldig in Ihr Kind einfühlen. Zwingen Sie es zu nichts, was ihm wirklich widerstrebt, sonst können die Schwierigkeiten möglicherweise noch größer werden. Setzen Sie aber klare Grenzen, und tolerieren Sie Fehlverhalten nicht.

Vierjährige: Mit einem Freund ist alles schöner

Die Entwicklung Ihres Kindes schreitet rasant voran. Ein vierjähriges Kind beherrscht die Muttersprache gut und ist in der Lage, Humor zu verstehen und selbst anzuwenden. Verfallen Sie aber bitte nicht der Versuchung, sich der einfachen Sprache Ihres Kindes anzupassen. Wenn Sie in komplexen Sätzen reden, wird sich Ihr Kind die Feinheiten der Muttersprache schnell einprägen. In diesem Alter lernen Kinder rasch. Deshalb brauchen sie Anregungen, die ihren Wissensdurst stillen. In den Kindergarten haben sich Vierjährige bereits gut

eingelebt. Sie bekommen nun ein noch stärkeres Gespür für die eigenen Bedürfnisse und wollen mitbestimmen, welche Lieder gesungen und welche Spiele gemacht werden. Das zeigt sich auch am eigenen Geschmack, der sich langsam herauskristallisiert. Viele Kinder möchten nicht mehr das anziehen, was ihnen die Eltern herausgesucht haben, sondern wollen selbst entscheiden, was sie tragen. Damit Sie nicht täglich den ganzen Kleiderschrank ausräumen müssen, empfehlen sich auch hier Alternativfragen, z. B.: „Möchtest du heute den blauen Pulli mit dem Auto anziehen oder lieber den roten mit dem Elefanten?" Lassen Sie Ihr Kind bei möglichst vielen Dingen mitbestimmen, und zeigen Sie ihm dadurch, dass Sie es ernst nehmen. Mit vier Jahren entstehen oft die ersten richtigen Freundschaften. Von Freundschaften profitieren alle Kinder. Für schüchterne Mädchen und Jungen und für Einzelkinder sind Freunde jedoch besonders wichtig. Meistens fühlen sich die Kleinen zu Kindern des gleichen Geschlechts hingezogen. Bekanntschaften werden schnell geschlossen und ebenso schnell beendet. Wenn die Kleinen vertrauter miteinander werden, tauschen sie Geheimnisse aus und grenzen sich gegen die Er-

TIPP

Warum ist die Banane krumm?
Bitte antworten Sie auf die vielen „Warum?"-Fragen Ihres Kindes nicht mit „Weil das eben so ist" oder „Das weiß ich auch nicht". Nutzen Sie stattdessen diese prägende Phase in der Entwicklung, und bieten Sie möglichst viel Input. Wenn Sie etwas nicht wissen, können Sie z. B. im Internet nachschauen.

wachsenen ab. In diesem Alter kommt es bei Freundschaften früher oder später zu Konkurrenzverhalten. Die Kinder messen sich aneinander und beobachten, was das andere Kind schon kann. So können Schwächere zu besseren Leistungen motiviert werden. Nicht selten entstehen Freundschaften aus egozentrischen Gründen. Manche Kinder verbünden sich z. B., um ihre gemeinsamen Interessen im Kindergarten besser durchsetzen zu können. Wenn fünf Kinder gemeinsam möchten, dass die Erzieherin ihnen eine Geschichte vorliest oder dass sie im Freien spielen dürfen, sind die Chancen größer, dass ihrem Wunsch nachgegeben wird. Oder kleinere Kinder werten sich durch Freundschaften mit älteren auf. Unterstützen Sie Ihr Kind, wenn es Freunde sucht, und ermöglichen Sie ihm, sich auch außerhalb des Kindergartens mit ihnen zu treffen. Manchmal entstehen aus Spontan- und Zweckfreundschaften langjährige Beziehungen.

Fünfjährige: Meine Fantasie hat Flügel

Ein fünfjähriges Kind hat erstaunliche Fähigkeiten. Es beherrscht zwischen 8.000 und 14.000 Wörter und versteht komplexe Sätze. Mit fünf Jahren sind Kinder mit Kommunikationsmustern vertraut: Sie wissen, dass sich Zuhören und Reden abwechseln, und erwarten Antworten auf ihre Fragen. Sie sind in der Lage, Wünsche in angemessener Form zu äußern.

Einfluss des Kindergartens

Durch den Kindergartenbesuch haben sich die Mädchen und Jungen sozial und intellektuell weiterentwickelt. Sie sind jetzt feste Mitglieder in der Kindergartengemeinschaft, können dort Verantwortung übernehmen und kleinere Aufgaben erfüllen. Da sich die Kinder häufig an Gleichaltrigen messen, sind Erfolgserlebnisse wichtig, damit sich keine Minderwertigkeitsgefühle entwickeln. Wenn Ihr Kind beispielsweise im motorischen Bereich nicht so gut ist, loben Sie es dafür, dass es außergewöhnliche soziale Fähigkeiten hat. Übertreiben Sie es aber nicht mit dem Lob, und loben Sie es nicht für Dinge, die selbstverständlich sind, sonst wird Ihr Kind die Anerkennung irgendwann nicht mehr ernst nehmen.

Blühende Fantasie

Das Alter von fünf Jahren zeichnet sich dadurch aus, dass Kinder häufig eine blühende Fantasie entwickeln. Dies ist wichtig für das seelische Gleichgewicht der Kinder, weil erfundene Tiere oder Menschen oft Helden sind und Dinge beherrschen, die die Kinder selbst noch nicht können. Machen Sie sich keine Sorgen, dass das Fantasieren von Dauer ist, sondern erfreuen Sie sich an der Kreativität Ihrer Tochter oder Ihres Soh-

INFO

Fantasiegefährten

Manche Kinder gehen so weit, dass sie Fantasiegefährten erfinden, also Spielkameraden, die es in Wirklichkeit gar nicht gibt. Studien haben ergeben, dass die Hälfte aller Kinder im Laufe ihrer Entwicklung einen oder mehrere Fantasiegefährten hat. Diese erfundenen Kameraden sind kein Grund zur Besorgnis. Im Gegenteil: Wissenschaftler fanden heraus, dass Kinder mit irrealen Freunden fantasievoller und freundlicher im Umgang mit anderen sind. Sie sehen weniger fern und langweilen sich seltener als ihre Spielkameraden ohne Fantasiegefährten. Die erfundenen Freunde sind oft Helden, die vor nichts zurückschrecken. Dadurch können sie Kindern helfen, eigene Ängste zu überwinden. Bitte tun Sie diese Figuren nicht als Hirngespinst ab, sondern beziehen Sie sie in den Alltag mit ein, z. B. indem Sie den Fantasiekameraden um Rat fragen. Wenn Ihr Kind darauf besteht, dass die unsichtbaren Freunde mitessen, stellen Sie ihnen ruhig einen Teller hin. Und seien Sie beruhigt: Im Laufe der Zeit verblassen die Fantasiefreunde und verschwinden schließlich ganz.

nes. Oft erfinden Kinder Geschichten über Dinge, die sie in der Wirklichkeit schwer fassen können. Dabei kann es vorkommen, dass sich Fantasie und Realität vermischen. Auch das ist kein Grund zur Sorge. Es handelt sich um eine vorübergehende Phase, die wichtig für die Entwicklung ist, und Befürchtungen, dass sich das Kind zum notorischen Dauerlügner und Angeber entwickelt, sind unbegründet. Sagen Sie Ihrem Kind nicht, dass es lügt, sondern versuchen Sie, sich mit ihm auf die gleiche Ebene zu begeben und zu fantasieren. Sie werden sehen, dass es Spaß macht, gemeinsam Fantasiegeschichten zu erfinden.

Eine lebhafte Fantasie kann aber auch manche Ängste schüren. Beispielsweise, wenn sich Realität und Fiktion vermischen und das Kind plötzlich Angst vor einer Fantasiefigur bekommt. Oder wenn es in Lichtreflexen Gespenster sieht und beim Klappern der Fensterläden einen Einbrecher vermutet. Helfen Sie Ihrem Kind in solchen Fällen, zwischen Fantasie und Wirklichkeit zu unterscheiden, und erklären Sie, wie natürliche Phänomene entstehen.

Sechsjährige: Bald darf ich in die Schule

Mit sechs Jahren sind fast alle Kinder so weit entwickelt, dass sie (bald) in die Schule können. Die Mädchen und Jungen haben ihre sprachlichen Fertigkeiten vertieft und beherrschen die Regeln der Kommunikation. Sie verfügen über einen großen Wortschatz und können grammatikalische Formeln richtig anwenden. Die Fantasie ist immer noch lebhaft, und manchmal erfinden die Kleinen eigene Wortgebilde.

Viele Kindergärten, Kindertagesstätten und ähnliche Einrichtungen bieten Vorschulunterricht an, um die Mädchen und Jungen fit für die Schule zu machen. Dieser wird meistens einmal oder mehr-

Mandala zum Ausmalen

Dieses Mandala kann Ihr Kind ausmalen. Kopieren Sie die Vorlage; so kann Ihr Kind es in immer unterschiedlichen Farben ausmalen.

mals pro Woche für eine begrenzte Zeit angeboten und bereitet die Kinder auf den baldigen Schulbeginn vor. Benachteiligte Mädchen und Jungen haben dort die Chance, ihre Rückstände aufzuholen und dasselbe Niveau zu erreichen wie die anderen Schulanfänger.

In der Vorschule beschäftigen sich die Kinder mit spannenden Themen, sind kreativ tätig und üben sich in Ausdauer und Konzentration. Schulischen Inhalten wird normalerweise nicht vorgegriffen. Vielmehr werden die Kinder auf den Abschied vom Kindergarten vorbereitet, sie lernen, frei ihre Meinung zu äußern, üben soziale Kompetenz und stärken ihr Selbstwertgefühl durch kleine Erfolgserlebnisse.

Wenn Ihr Kind einen Kindergarten oder eine Tagesstätte besucht, müssen Sie es nicht speziell auf den Schuleintritt vorbereiten. Bitte lassen Sie sich nicht von dem Irrglauben mancher ehrgeiziger Eltern anstecken, dass Mädchen und Jungen schon Lesen und Schreiben können müssen, bevor sie in die Schule kommen. Die meisten Kinder freuen sich auf die Schule.
Bitte unterstützen Sie Ihre Tochter oder Ihren Sohn in der Freude, und schüren Sie keine Angst vor der Schule – auch wenn Sie Ihre eigene Schulzeit vielleicht in schlechter Erinnerung haben.
Bedauern Sie Ihr Kind nicht, indem Sie sagen: „Du armes Kind, jetzt beginnt auch für dich der Ernst des Lebens“, sondern erzählen Sie ihm, was für tolle Sachen es in der Schule lernen und dass es viele neue Freunde finden wird. Eine liebevoll gepackte Schultüte mit Leckerem und Nützlichem für die Schule versüßt den ersten Schultag.

INFO

Vorschule

Nach dem schlechten Abschneiden der deutschen Schüler in der PISA-Studie, die im Jahr 2000 erstmals durchgeführt wurde, fordern manche Bildungspolitiker, dass Kindern bereits im Kindergarten auf spielerische Art und Weise Lerninhalte vermittelt werden. Andere vertreten die Meinung, dass das Unterrichten erst in der Schule beginnen und der Kindergarten ein Raum für unbefangenes Spielen bleiben sollte. Bis heute gibt es in Deutschland keine einheitliche Regelung zur Vorschule, und entsprechend unterschiedlich handhaben die Einrichtungen die Erziehung vor dem Schuleintritt.

Ängste bei Kindern

Ängstliche Kinder brauchen viel Liebe

Angst ist eine Emotion, die durch eine Situation oder ein Objekt ausgelöst wird. Praktisch jeder, ob Erwachsener oder Kind, hatte in seinem Leben schon einmal Angst.

Wenn man sich fürchtet, setzt dies körperliche und psychische Prozesse in Gang. Während Erwachsene gelernt haben, ihre Emotionen teilweise zu unterdrücken, reagieren Kinder meist sehr heftig, was sich z. B. in extremen Angstanfällen äußern kann. Machen Sie Ihr Kind nicht lächerlich, und schimpfen Sie nicht mit ihm, wenn es ängstlich ist, sondern zeigen Sie ihm Liebe und Verständnis. Wenn Sie Ihren Kindern etwas zutrauen, werden sie bald Erfolgserlebnisse haben und mit der nächsten angstauslösenden Situation selbstbewusster umgehen.

Wenn kleine Kinder große Angsthasen sind

Manche Kinder fürchten sich vor realen Dingen wie großen Hunden oder fremden Menschen, andere vor Monstern oder dem Alleinsein. Manchmal ängstigen Kinder sich vor ganz Alltäglichem wie einem klappernden Rollladen. Angst hat eben viele Gesichter. Wenn Sie mit Ihren Kindern ruhig über die angstauslösende Situation sprechen, statt sie abzulenken, haben Sie schon viel getan.

Was sind Ängste?

Der Begriff „Angst" kommt von dem lateinischen Wort „angustia" und bedeutet „Enge". Tatsächlich fühlt sich jemand, der Angst hat, eingeengt und erregt. Auch Kinder spüren oft ein Engegefühl in der Brust, wenn sie sich vor etwas fürchten. Wer Angst hat, reagiert damit auf eine Situation, die er als bedrohlich empfindet. Ob dieses Gefühl dabei durch wirkliche oder irreale Gefahren ausgelöst wurde, spielt keine Rolle.
So unangenehm Ängste sein können, sie haben ihren Sinn: Ängste können helfen, Menschen vor Gefahren zu schützen. Es gibt verschiedene Möglichkeiten, auf Angst zu reagieren, wie beispielsweise Flucht oder Rückzug in sich selbst. Kinder neigen eher zum Rückzug und sind dann in einer Situation, in der sie besonders viel Zuwendung und Verständnis brauchen. Die häufigsten Reaktionen auf Angst sind:

- Die Muskelanspannung steigt, und die Reaktionsfähigkeit nimmt zu.

- Der Blutdruck erhöht sich, das Herz schlägt schneller, es kann Atemnot auftreten.
- Die Pupillen erweitern sich, die Sinne sind geschärft.
- Schwitzen, Zittern, Blässe und eine trockene Kehle sind möglich.

Die Ursache sind Stresshormone, die der Körper ausschüttet. Wissenschaftler gehen davon aus, dass diese körperlichen Reaktionen angeboren sind. Wenn die angstauslösende Situation nachlässt, klingen die Symptome rasch wieder ab.

INFO

Bezeichnung	Beschreibung	Beispiel
Angst	Angst ist ein eher diffuser Gefühlszustand, bei dem der Betroffene angespannt ist und Leiden erwartet.	Die kleine Anna-Lena hat Angst, dass ihre Großmutter stirbt.
Furcht	Furcht ist die Reaktion auf eine tatsächliche Bedrohung oder Gefahr.	Der fünfjährige David fürchtet sich vor Einbrechern.
Schreck	Plötzlich eintretende Furcht wird als Schreck bezeichnet.	Die dreijährige Alexa spielt im Kinderzimmer, während ihr Vater auf der Leiter steht. Als das Mädchen einen Aufprall hört, bekommt es einen Schreck.
Panik	Von Panik spricht man, wenn jemand größte Angst hat und sein Leben in Gefahr sieht. Bei Massenpaniken, die z. B. bei Bränden entstehen, sind viele Menschen involviert.	Der sechsjährige Tobias ist allein zu Hause. Er zündelt. Plötzlich fängt der Papierkorb Feuer. Das Feuer geht auf die Vorhänge über. In Panik flüchtet er aus der Wohnung.

Im deutschen Sprachgebrauch werden die Begriffe „Angst" und „Furcht" meist synonym verwendet, obwohl es sich eigentlich um unterschiedliche Zustände handelt. Während Angst eher unspezifisch ist, handelt es sich bei Furcht um eine Emotion, die sich gegen wirkliche Gefahren richtet. Deshalb ist es eigentlich falsch zu sagen: „Lisa hat Angst vor Hunden." Richtig wäre: „Lisa hat Furcht vor Hunden." Weil sich der Begriff „Angst" aber in der Alltagssprache durchgesetzt hat, ist in diesem Ratgeber immer von Angst die Rede, auch wenn es sich im eigentlichen Sinne um Furcht handelt.

Ängste in der kindlichen Entwicklung

Viele Ängste treten in bestimmten Lebensabschnitten auf und verschwinden wieder, wenn sich die Kinder weiterentwickelt haben. Schon ganz kleine Kinder kennen Ängste. Säuglinge bekommen oft Angst, wenn die Mutter das Zimmer verlässt. Acht Monate alte Babys sind in der „Fremdelphase" und reagieren auf unbekannte Gesichter mit Weinen.
Fast alle Kinder zwischen zwei und sechs Jahren haben hin und wieder Angst. Wie stark sich die Angst zeigt, hängt u. a. von der individuellen Entwicklung, vom Temperament, der Fantasie und den Erfahrungen ab. Zweijährige haben oft Verlustängste und reagieren mit Unbehagen, wenn sie von den Eltern getrennt werden. Je älter Kinder werden, desto größer wird ihre Erfahrens- und Erlebenswelt und desto vielfältiger können die Gründe sein, die Angst auslösen. Vierjährige haben schon eine vage Vorstellung von Sterben und Tod, dies kann sie ängstigen. Kinder mit einer lebhaften Fantasie fürchten sich manchmal besonders stark. Im Kindergartenalter ist die Furcht vor Hunden relativ verbreitet. Bis zum Alter von sechs Jahren, oft auch darüber hinaus, haben Kinder vor ganz unterschiedlichen Dingen wie Monstern, Gewittern, Fabelwesen, Einbrechern, Gespenstern und der Dunkelheit Angst. So können Sie durch Ihr eigenes Verhalten extreme Ängste bei Ihrem Kind verhindern:

- Seien Sie nicht übervorsichtig. Wer sein Kind z. B. ständig ermahnt, dass es aufpassen soll, nicht vom Klettergerüst zu fallen, schürt Angst.
- Erzählen Sie nichts, was Kindern Angst machen könnte. Dazu gehören z. B. Geschichten vom Schwarzen Mann.
- Jagen Sie Ihrem Kind nie zum Spaß Angst ein.
- Seien Sie mit Berichten von Todes- und Unglücksfällen zurückhaltend.

Wie zeigen sich Ängste?

Kinder, die Angst haben, zeigen vergleichbare Symptome wie Erwachsene, die sich fürchten (s. S. 16 f.). Sie können Herzklopfen haben, nass geschwitzt sein und zittern. Manche ringen nach Atem und haben eine trockene Kehle. Viele Kinder weinen, haben die Augen weit aufgerissen und sind blass. Sie kuscheln sich an ihren Lieblingsteddy und verkriechen sich im Bett. Wenn Sie Ihr Kind in einem solchen Zustand vorfinden, sollten Sie ihm sofort Trost und Schutz bieten. Reden Sie beruhigend auf es ein, und nehmen Sie es in den Arm. Lassen Sie sich die Ursache der Angst erzählen, sobald es wieder in der Lage ist, zu sprechen, und reagieren Sie auf keinen Fall mit Lachen oder Abwinken, auch wenn Ihnen das angstauslösende Objekt noch so lächerlich vorkommt. Sagen Sie z. B.: „Das Licht von draußen hat dich geängstigt? Aber das war nicht die Taschenlampe eines Gespenstes, sondern die Scheinwerfer eines Autos." Am besten, Sie öffnen den Rollladen und überzeugen Ihr Kind davon, dass kein Gespenst dort lauert. Dann sollten Sie Ihrem Kind Mut zusprechen: „Ich kann verstehen, dass dich das geängstigt hat. Ich finde es toll, dass du trotzdem nach uns gerufen hast. Das war mutig. Jetzt weißt du, dass es kein Gespenst war. Ich lasse das kleine Licht brennen und die Tür geöffnet. Wenn wieder etwas ist, rufst du. Aber ich bin sicher, dass du jetzt wieder schön einschläfst."

Nicht immer sind die Angstzeichen so deutlich wie im Beispiel, und nicht immer sind Kinder in der Lage, sich verbal zu äußern. Deshalb sollten Sie Ihren Schützling genau beobachten. Manche Kinder wenden sich ab, flüchten oder verharren bewegungslos auf der Stelle. Andere halten den Kopf gesenkt oder wehren mit den Händen ab. Kleine Kinder saugen oder nuckeln, wenn sie sich vor etwas fürchten. Größere neigen dazu, mit ihren Haaren oder einer Kette zu spielen oder sich zu kratzen. Kinder, die im Kindergarten unter sozialen Ängsten leiden, schauen bei den Spielen der anderen zu. Sie spielen meistens allein, sind still und zurückgezogen.

Was macht Kinder empfänglich für Ängste?

Es gibt verschiedene Faktoren, die Ängste bei Kindern hervorrufen und verstärken können.

Eigene Erfahrungen und Beobachtungen: Wenn ein Kind auf einer Treppe ausrutscht und sich beim Hinfallen sehr wehtut, entwickelt es möglicherweise Angst vor Treppen und möchte immer getragen werden.

Beobachten Kinder, wie andere Angst erleben, können sie die Situation auf sich übertragen und sich in Zukunft ebenfalls davor fürchten. Wenn z. B. ein Kind sieht, wie ein kleiner Junge im Spiel von einem Hund gebissen, dabei leicht verletzt wurde und weint, entwickelt sich bei ihm möglicherweise eine Angst vor Hunden.

Unerklärbare Phänomene: Vieles, was für uns selbstverständlich und belanglos ist, ängstigt kleine Kinder. Sie können sich noch nicht erklären, wie die unterschiedlichen Phänomene entstehen. Angst auslösen können beispielsweise Gewitter, Lichtmuster, der Badewannenabfluss, die Toilettenspülung, der Staubsauger, die elektrische Brotschneidemaschine, das Rührgerät oder Spielzeug, das sich bewegt.

Fantasie: Je mehr Kinder wissen und verstehen, desto größer ist ihre Fantasie. Kinder malen sich die tollsten Geschichten aus und glauben daran. Zwischen Realität und Fantasie können sie erst unterscheiden, wenn sie größer sind. Bei kleinen Kindern mischt sich beides und kann Angst auslösen.

Wissen über Tod und Sterben: Ein Bewusstsein für den Tod entwickelt sich im Alter von etwa drei Jahren. Dann beginnen Kinder, Fragen zu stellen. Sie haben zwar erst vage Vorstellungen, diese können ihnen aber große Angst machen. Beispielsweise möchten sie plötzlich nicht mehr mit ihrer Katze spielen, weil die Katze ihres Freundes überfahren wurde. Manche entwickeln auch Angst vor der Dunkelheit, wenn jemand aus dem Familienkreis gestorben ist.

Negative Erfahrungen: Wenn Babys zu wenig Körperkontakt hatten und ihre Bedürfnisse nicht erfüllt wurden, können sie unsicher und ängstlich werden. Negative Erfahrungen haben das Kind geprägt. Manche Wissenschaftler glauben sogar, dass bereits vorgeburtliche Erlebnisse das spätere Leben der Kinder beeinflussen können. Selbst die Geburt kann Folgen haben. Manche Babys, die im Geburtskanal stecken bleiben, fürchten sich später vor engen Räumen und Dunkelheit. Bei Babys, die von ihren Müttern getrennt wurden, weil diese z. B. für ein paar Wochen ins Krankenhaus mussten, können sich später Verlustängste entwickeln.

Vorbilder: Kinder übernehmen viel von anderen, insbesondere von den Eltern. Wenn die Eltern sich vor Spinnen, Aufzügen oder engen Treppenhäusern fürchten, kann sich dies auf das Kind übertragen. Dabei ist es meistens nicht die Situation, welche die Kinder ängstigt, z. B. die Anwesenheit einer Spinne, sondern die Reaktion der Eltern, wie ein Schrei nach dem Entdecken einer Spinne.

TIPP

Was tun bei eigenen Ängsten?

Bemühen Sie sich, den Kindern Ihre Ängste nicht zu deutlich zu zeigen. Wenn möglich, sollten Sie Schreie unterdrücken. Sagen Sie z. B.: „Ach, da ist ja eine Spinne. Ich glaube aber, sie möchte in Ruhe gelassen werden. Komm, wir gehen in das andere Zimmer." Wenn Sie unter extremen Ängsten leiden, kann eine Verhaltenstherapie helfen.

Soziale Ängste

Besonders schüchterne Kinder leiden unter sozialen Ängsten. Sie fürchten, von anderen Kindern abgelehnt zu werden, und spielen deshalb lieber allein. Sie haben Angst vor Erwachsenen, die sie nicht kennen, und verkriechen sich am liebsten hinter Mamas Rockzipfel, wenn ein Bekannter zu Besuch kommt, den sie lange nicht gesehen haben. Schüchterne Kinder fürchten sich auch häufig vor dem Kindergarten, weil sie sich nicht trauen, aus sich herauszugehen, und Angst vor Misserfolgen haben. Diesen Kindern können Sie helfen, indem Sie ihr Selbstbewusstsein immer wieder stärken.

Schüchternheit

Die vierjährige Lisa geht gerne mit ihrer Mutter auf den Spielplatz. Am liebsten spielt sie allein, beobachtet dabei aber das Spiel der anderen Kinder. Sie traut sich nicht, zu fragen, ob sie mitspielen darf. Wenn die anderen sie auffordern, macht sie gerne mit, bleibt aber zurückhaltend. Lisa ist schüchtern.

Schüchterne Kinder brauchen länger, bis sie mit anderen Kindern warm werden. Sie sind unsicher und ziehen sich gerne zurück. Die meisten schüchternen Kinder haben ein geringes Selbstwertgefühl. Deshalb ist es wichtig, dass Sie Ihrem Kind immer wieder Mut machen, auf andere Kinder zuzugehen. Zurückhaltung ist aber auch eine Temperamentfrage. Es gibt ruhige Kinder und temperamentvolle Kinder. Doch Schüchternheit ist nicht nur Veranlagung. Wer sein Kind ständig ermahnt, kritisiert und bevormundet, braucht sich nicht zu wundern, wenn es dadurch unsicher und ängstlich wird und beginnt, sich mehr und mehr zu verschließen. Seien Sie deshalb zurückhaltend mit Kritik und Ermahnungen, wenn diese nicht unbedingt notwendig sind, und vertrauen Sie Ihrem Kind. Beobachten Sie sich selbst, denn am meisten lernen Kinder von ihren Eltern. Können Sie problemlos Kontakte mit Fremden knüpfen? Sind Sie in der Lage, Lob von anderen anzunehmen? Können Sie Nein sagen? Seien Sie ein positives Vorbild! Während viele Kinderängste entwicklungsbedingt sind und von selbst wieder verschwinden, kann sich Schüchternheit verfestigen. Ein schüchternes Kind hat in der Schule und später als Erwachsener im Beruf viele Nachteile.

Angst vor Fremden

Etwa ab dem sechsten Monat unterscheiden Babys deutlich zwischen vertrauten und fremden Menschen. Sie lächeln nicht mehr jeden an, der sich über das Bettchen beugt, und wenden manchmal ihr Gesicht ab. Diese Angst vor Fremden hat mit etwa acht Monaten ihren Höhepunkt erreicht. Deshalb wird sie auch als „Acht-Monats-Angst" bezeichnet. Die Furcht vor Fremden nimmt zwar nach dieser Phase wieder langsam ab, kann jedoch durchaus bis ins Kindergartenalter und darüber hinaus andauern. Die Kinder sind zurückhaltend gegenüber Unbekannten, auch wenn der „Fremde" Onkel Klaus aus Wien ist, der alle paar Monate vorbeischaut. Das Wichtigste ist, fremdelnden Kindern Zeit zu lassen.

- Respektieren Sie den Rückzug. Je mehr Sie drängen, desto eher wird sich Ihr Kind zurückziehen.
- Zwingen Sie Ihr Kind nicht, Menschen, die es nicht kennt, die Hand oder gar ein Küsschen zu geben.
- Lassen Sie Ihr Kind den Fremden aus sicherer Distanz beobachten.
- Wenn der „Fremde" nach einiger Zeit spielerisch und langsam Kontakt mit dem Kind aufnimmt, siegt meistens die Neugierde, und das Kind kommt von allein aus seinem Versteck.
- Wenn Sie Ihrem Kind Zeit lassen, bestärken Sie es darin, zu seinen eigenen Gefühlen zu stehen.

TIPP

Schüchternheit

Folgende Tipps können helfen, dem Kind die Schüchternheit zu nehmen:

- Loben Sie Ihr Kind möglichst oft, aber nicht für Dinge, die selbstverständlich sind.
- Ermutigen Sie Ihr Kind, wenn es zögert, und sagen Sie z. B.: „Ich bin mir sicher, du schaffst das!"
- Unterstützen Sie Ihr Kind bei der Verarbeitung von Misserfolgen: „Probier es noch mal, dann klappt es bestimmt."
- Überfordern Sie Ihr Kind nicht.
- Räumen Sie schüchternen Kindern genügend Zeit und Raum ein, um zu sich selbst zu kommen und gelegentlich allein zu sein.

Eine Mutmachgeschichte

Geschichten sind ein wirksames Mittel gegen die Angst. Kindergeschichten mit einem Happy End machen den Kindern Mut, und sie spüren noch lange den schönen Nachklang.

Wenn Ihr Kind schüchtern ist, könnten Sie die Geschichte von der Schnecke Paulina erzählen. Paulina, die kleine Schnecke, traute sich nie, mit anderen Schneckenkindern zu spielen. Eines Tages kommt der Igel Gerhard vorbei und fragt, warum sie nicht mitspielt. Paulina sagt, dass sie Angst hat. Der Igel antwortet, dass er das gut verstehen kann, weil er früher selbst schüchtern war. Aber dann schenkte ihm eine Elster einen Wunderstein, der ihn stark machte. Er verrät Paulina, wo die Elster wohnt. Paulina muss durch einen dunklen Wald gehen und hat Angst. Aber ein Hase begleitet Paulina zur Elster. Die Elster begrüßt Paulina nicht sehr freundlich, aber Paulina findet heraus, dass sie sich abweisend verhält, weil sie Angst vor Verletzungen hat und eigentlich sehr lieb ist. Als sie sich unterhalten, fängt die Elster an zu weinen und sagt, dass sie traurig ist, weil ihr Freund, der Specht, weggezogen ist. Paulina tröstet die Elster, die sich schnell beruhigt. Zur Belohnung bekommt Paulina einen Wunderstein, der sie stark macht. Mit dem Wunderstein geht Paulina zu den anderen Schneckenkindern zurück. Zum ersten Mal fragt sie mutig, ob sie mitspielen darf, und spielt den ganzen Tag Verstecken mit den neuen Freunden.

Wenn Ihrem Kind die Geschichte gefallen hat, die Sie natürlich weiter ausschmücken können, wird es Sie vielleicht nach einem Wunderstein fragen. Besorgen Sie ihm eine schöne Murmel oder einen kleinen Stein, den es immer bei sich tragen kann.

Angst vor anderen Kindern

Im Alter von zwei oder zweieinhalb Jahren lösen sich Kinder langsam von ihrer wichtigsten Bezugsperson und sehen sich nach anderen Menschen um. Dabei sind die einen Kinder selbstbewusst und forsch, die anderen zögernd und scheu. Die Zurückhaltenden brauchen länger, bis sie mit anderen Kindern warm werden. Kleine Kinder fürchten sich z. B. manchmal vor dem Kindergarten. Das mitunter ruppige Spiel der älteren Kinder macht ihnen Angst. Sie müssen sich erst langsam an die Gruppensituation, das laute Rufen und an die Machtkämpfe gewöhnen. Wenn sich ein Kind in dieser Situation überfordert fühlt, kann es mit Rückzug und Weinen reagieren. Wenn Ihre Tochter oder Ihr Sohn vor anderen Kindern Angst hat, können Sie folgende Schritte unternehmen:

- Bitten Sie die Erzieher im Kindergarten, Ihrem Kind Zeit zu lassen und es nicht zu bedrängen.
- Unterstützen Sie Ihr Kind bei der Kontaktaufnahme mit anderen Kindern außerhalb des Kindergartens, und besuchen Sie nachmittags Spielkreise, Musik- oder Turngruppen o. Ä., zu denen Sie Ihr Kind begleiten können.
- Lassen Sie Ihr Kind die neue Umgebung in Ruhe beobachten. Erst dann sollten Sie es unterstützen, indem Sie auf ein fremdes Kind zugehen und so den ersten Kontakt herstellen.
- Vielleicht hilft es Ihrem Kind, wenn es sich zunächst mit etwas älteren Kindern anfreundet. Sie haben oft mehr Verständnis für die Ängste der Kleinen als Gleichaltrige.

Schlafbezogene Ängste

Ängste, die mit dem nächtlichen Schlaf in Zusammenhang stehen, sind unter Kindern weitverbreitet. Kein Wunder, denn beim Schlafengehen werden die Kleinen mit mehreren Dingen gleichzeitig konfrontiert, die Angst machen können: Sie sind von den Eltern getrennt und befinden sich normalerweise in der Dunkelheit. Besonders in der Nacht fürchten sich Kinder vor Monstern oder Einbrechern. Manche haben auch Angst vor dem Schlafen selbst, weil sie bei-

spielsweise immer wieder Albträume haben.

Nicht-ins-Bett-Wollen

Die meisten Kinder gehen nur ungern ins Bett. Die einen bekommen plötzlich Hunger, die anderen wollen unbedingt ihre Katze füttern, und wieder andere möchten sogar das Zimmer aufräumen. All das sind Verzögerungstaktiken, um nicht ins Bett zu müssen. Dahinter steckt oftmals die Angst des Kindes, nachts aufzuwachen und in der Dunkelheit allein zu sein. Zudem fühlen sich kleine Kinder in Gesellschaft anderer am wohlsten. Sie haben Angst, dass die Eltern oder größeren Geschwister noch tolle Dinge ohne sie machen. Wenn die Sonne untergeht, wächst auch die Angst vor Geistern, Hexen und Monstern, die in der kindlichen Fantasie leben. Tatsächlich zeigen sich die unterschiedlichsten Kinderängste in verschiedenen Figuren und drücken oft aus, wozu die Kinder sprachlich noch nicht in der Lage sind. Nehmen Sie Ihr Kind mit seinen Fantasiegestalten ernst. Sagen Sie nicht „Du spinnst ja, hinter dem Vorhang hat sich doch keine rote Hexe versteckt!", sondern versuchen Sie, durch Gespräche zu ergründen, welche Ängste sich tatsächlich hinter der roten Hexe verbergen. Sie können auch die Fantasiegestalt mit einbeziehen, indem Sie etwa sagen: „Die kleine rote Hexe war vorhin schon bei mir. Sie ist ganz lieb und hat versprochen, heute Nacht auf dich aufzupassen."
Folgende Tipps helfen, Ihr Kind ins Bett zu bringen:

- Damit Ihr Kind nicht das Gefühl hat, etwas zu versäumen, sagen Sie z. B.: „Papa und ich lesen noch Zeitung, dann gehen wir auch schlafen."
- Rituale sind nicht langweilig für Kinder, sondern wichtig, weil sie Vertrautheit schenken. Das Zubettgehen sollte deshalb jeden Abend nach dem gleichen Muster ablaufen. Es kann Elemente enthalten wie z. B. gemeinsam über den Tag sprechen, Zähneputzen, Waschen und Schlafanzug anziehen, eine Geschichte vorlesen, die Kuscheltiere ins Bett bringen oder ein Gutenachtlied singen.
- Ein stabiles, verlässliches Elternhaus ist die größte Hilfe für Kinder, die sich vor dem Schlafengehen fürchten. Vermitteln Sie Ihrem Kind so oft wie möglich: „Du bist okay, die Welt ist okay. Wir sind immer für dich da, wenn es Probleme gibt." Manchmal hat die Verzögerungstaktik eines Kindes aber auch ganz pragmatische Gründe: Ihr Kind braucht vielleicht

weniger Schlaf, als Sie glauben. Möglicherweise halten Sie an einer Schlafenszeit fest, und Ihr Kind braucht inzwischen weniger Schlaf. Probieren Sie es aus: Lassen Sie den Mittagsschlaf wegfallen, oder bringen Sie Ihr Kind etwas später ins Bett.

Angst vor Dunkelheit

Manchmal hat die Angst nicht unmittelbar etwas mit dem Schlafen zu tun, sondern mit der Dunkelheit. Je dunkler es ist, desto weniger kann das Kind erkennen, was um es herum geschieht, und desto mehr Raum gibt es für die Fantasie. Dunkelheit ängstigt viele Kinder, und diese Angst kann bis ins Grundschulalter andauern. Erklären Sie Ihrem Kind, warum es dunkel wird. Wenn es weiß, warum die Sonne untergeht und am nächsten Morgen wieder aufgeht, wird es weniger Angst vor diesem Naturphänomen haben.

Kaufen Sie eine kleine Lampe, die Sie die Nacht über leuchten lassen. Dann ist das Kinderzimmer so hell, dass die Fantasiemonster verschwinden. Lassen Sie die Tür zum Kinderzimmer offen und evtl. noch im Flur ein Licht brennen. Sorgen Sie auch dafür, dass Sie schnell bei Ihrem Kind sind, wenn es in der Nacht ruft, und vergessen Sie nicht, ihm zum Einschlafen den Lieblingsteddy ins Bett zu legen.

Albträume

Der fünfjährige Luis ruft mitten in der Nacht laut nach seiner Mama. Als sie zu ihm kommt, sitzt er im Bett und weint. Er redet unzusammenhängend, lässt sich aber relativ schnell wieder beruhigen. Dann erzählt er von seinem Traum: Ein Monster hat ihn verfolgt. Er rannte schnell, aber das Monster packte ihn. In diesem Moment wachte er auf. Luis hatte einen Albtraum. Besonders fünfjährige Kindern leiden unter schlechten Träumen. Aber auch ältere oder jüngere Kinder und natürlich auch Erwachsene haben Albträume. Meistens treten sie gegen Ende der Nacht auf. Die Kinder werden schnell wach, können beruhigt werden und sind in der Lage, den Traum zu erzählen. Am nächsten Morgen erinnern sie sich an alles.

Die Ursachen für Albträume sind vielfältig. Mit fünf Jahren werden Kinder zunehmend selbstständiger und lösen sich mehr und mehr von ihren Bezugspersonen. Dieser Ablöseprozess kann mit Ängsten verbunden sein, die sich manchmal in Albträumen zeigen. Auch besonders erlebnisreiche Tage können unruhige Träume begünstigen, insbesondere, wenn sich die Kinder am Tag geängstigt haben. Genauso können Krisen im Umfeld zu Albträumen führen. Wenn Ihr Kind einen Albtraum hatte, können Sie folgendermaßen vorgehen:

- Gehen Sie möglichst schnell zu Ihrem Kind, wenn es nachts ruft. Umarmen und trösten Sie es.

TIPP

Familienbett

Schlafbezogene Ängste sind in anderen Kulturen unbekannt, denn in vielen Ländern ist es üblich, dass sich die ganze Familie ein großes Bett teilt. Wenn das Kind nachts hochschreckt, kann es sofort getröstet werden. Viele Eltern hierzulande sind strikt dagegen, mit den Kindern in einem Bett zu schlafen, weil sie fürchten, die Schützlinge später nicht mehr aus dem Bett zu bekommen und ihre Selbstständigkeit zu unterbinden. Bis zum Alter von sechs Jahren sollten Geborgenheit und Schutz jedoch an erster Stelle stehen. Wenn Sie nicht möchten, dass Ihr Kind immer bei Ihnen schläft, sollten Sie es doch in Ausnahmefällen zu Ihnen lassen. Alternativ zum Familienbett bietet sich ein Geschwisterbett an, denn manchmal hilft es auch schon, wenn das kleine Geschwisterkind im Zimmer des großen schläft.

- Wenn das Kind möchte, kann es seinen Traum erzählen, aber gehen Sie in der Nacht nicht näher darauf ein.
- Bleiben Sie bei Ihrem Kind, bis es wieder schläft.
- Am nächsten Morgen sollten Sie ausführlich über den Traum reden und gemeinsam nach möglichen Auslösern suchen.
- Reden Sie mit Ihrem Kind vor dem Einschlafen über den Tag.
- Wenn die Albträume gehäuft auftreten, sollten Sie den Kinderarzt um Rat fragen.

Trennungsängste

Schon Neugeborene haben Angst vor einer Trennung und fangen zu weinen an, wenn die Mama kurz in den Keller geht. Sie wissen noch nicht, dass sie jedes Mal wieder zurückkommt. Je größer Babys werden, desto länger werden i. d. R. die Zeitabstände, in denen sie ohne ihre Mutter auskommen müssen. Spätestens wenn das Kind in den Kindergarten kommt, stehen die ersten längeren Trennungen an, die häufig von Tränen begleitet werden.

Verlustängste

Kinder sind auf ihre Eltern angewiesen. Besonders kleine Kinder brauchen Mama und Papa, die sie versorgen, lieb haben und beschützen und denen sie vertrauen. Wenn die wichtigsten Bezugspersonen wegfallen, kann das traumatische Folgen für ein Kind haben. Glücklicherweise kommt es selten vor, dass ein Kind seine Eltern verliert. Die Angst vor dem Verlust ist trotzdem verbreitet. Verlustangst ist eine Urangst: Das Kind ist vollkommen auf Sie angewiesen und hat Angst, allein dazustehen. Im Folgenden ein paar wichtige Tipps für den Umgang mit der Verlustangst Ihres Kindes:

- Nehmen Sie die Ängste Ihres Kindes ernst. Hören Sie Ihrem Kind zu, und reden Sie mit ihm darüber.
- Versuchen Sie, die Ursachen für die Ängste herauszufinden: Mussten Sie sich von Ihrem Kind trennen, als es noch ein Baby war? Hat Ihr Kind einen Spielkameraden, der zeitweilig von den Eltern getrennt wurde und darunter litt?
- Auch wenn Sie sich einmal richtig über Ihr Kind ärgern: Drohen Sie nie damit, es zu verlassen.

Angst vor dem Alleinsein

Kein Kind ist gerne allein, denn Kinder fühlen sich am wohlsten, wenn sie mit anderen zusammen sind. Insbesondere für die Kleinen spielen die Eltern eine wichtige Rolle. Die Angst vor dem Alleinsein zeigt sich häufig darin, dass sie Angst vor dem Schlafengehen haben bzw. es hinauszögern (s. S. 26 f.). Kinder, die sich vor dem Alleinsein fürchten, kommen manchmal zu ihren Eltern ins Schlafzimmer und suchen dort Trost.

Zwischen zwei und sechs Jahren sollte man Tochter oder Sohn nicht allein zu Hause lassen, auch wenn die Kinder betonen, dass sie schon groß sind. Sie können noch nicht abschätzen, wie es wirklich ist, allein zu sein: Da erscheint die Wohnung plötzlich riesig, wohnen Drachen im Keller und wird das Gluckern der Heizung zum bedrohlichen Gespenst.
Wenn ein Notfall eintritt, der Sie dazu zwingt, Ihr Kind allein zu lassen, ist das bei älteren Kindergartenkindern möglich. Aber tun Sie es nur, wenn Ihr Kind einverstanden ist, und bleiben Sie nicht länger als eine halbe Stunde weg. Wenn Ihr Kind wirklich einmal kurz allein zu Hause bleiben muss, sollten Sie folgende Maßnahmen treffen:

- Bitten Sie eine Nachbarin, hin und wieder nach dem Kind zu schauen.
- Speichern Sie Ihre Handynummer in das Telefon und erklären Sie Ihrem Kind, wie es Sie erreichen kann.
- Achten Sie darauf, dass es in der Wohnung keine angsteinflößenden Geräusche, z. B. tropfende Wasserhähne etc., gibt.
- Schärfen Sie Ihrem Kind ein, nicht die Wohnungstür zu öffnen. Vereinbaren Sie mit der Nachbarin, die nach dem Kind schaut, ein spezielles Klingelzeichen, z. B. dreimal klingeln, oder geben Sie ihr einen Schlüssel.
- Legen Sie zum Zeitvertreib attraktive Spielsachen bereit.
- Bringen Sie Ihrem Kind eine kleine Belohnung mit.

Wenn Ihr Kind das erste Mal allein war und das Alleinsein gut geklappt hat, fühlt es sich in seinem Selbstbewusstsein gestärkt.

Angst vor dem Kindergarten

Die einen Kinder können es kaum erwarten, endlich in den Kindergarten zu kommen, die anderen fürchten sich davor. Zweifelsohne bedeutet der Besuch des Kindergartens eine Umstellung für jedes Kind. Es geht laut und manchmal ruppig zu, viele Kinder sind schon älter als die Kleinen. Sie müssen sich auf neue Bezugspersonen einstellen und sich einem ungewohnten Tagesablauf anpassen. Im Kindergarten gelten völlig andere Regeln und Normen als zu Hause. Besonders schüchterne und ruhige Kinder (s. S. 22 f.) werden sich am Anfang mit dem neuen System schwertun. Hinzu kommt die Trennung von den Eltern. Manche Kinder möchten nicht allein im Kindergarten bleiben. Sie versprechen ihrer Mutter das Blaue vom Himmel, wenn sie wieder nach Hause dürfen, und klammern sich an ihr fest.

In den ersten Tagen fließen die Tränen oft auch bei den Eltern. Manche plagt das schlechte Gewissen, und sie fragen sich, ob es richtig ist, ihr Kind „abzugeben“. Bitte machen Sie sich von Ihrem schlechten Gewissen frei. Wenn Sie bei der Einrichtung ein gutes Gefühl haben, besteht kein Grund, an der Entscheidung zu zweifeln. Ihr Kind wird vom Kindergarten profitieren, viele neue Eindrücke bekommen, Freunde finden und spannende Dinge lernen. Wenn Sie ein Problem mit dem Kindergarten haben, spürt Ihr Kind das ganz genau. Vielleicht weint es nur, weil es meint, Sie brauchen die Tränen? Hinterfragen Sie evtl. noch einmal Ihre Einstellung zum Kindergarten. Ihr Kind ist in einer neuen Lebensphase, die es anfangs evtl. verunsichert. Es stellt sich z. B. Fragen wie: Kommt die Mama nachher wieder? Holt sie mich pünktlich ab? Was passiert so lange zu Hause, wenn ich nicht da bin? Ihr Kind durchleidet beim Abschied von Ihnen verschiedenste Ängste. Auch wenn es für Sie schwierig ist, zu gehen, weil das Kind weint, müssen Sie sich keine Sorgen machen. Ihr Kind trägt durch die Abschiedsängste keinen seelischen

Schaden davon, sondern verarbeitet die Ängste in seiner gesunden psychischen Entwicklung.
Viele Kinder, die neu in den Kindergarten gehen, sind mittags bzw. nachmittags wegen der neuen Eindrücke und Geräusche übermüdet. Haben Sie deshalb Nachsehen, wenn Ihr Kind auf dem Nachhauseweg weint, bockt und quengelt. In wenigen Wochen ist das vorüber. Folgende Tipps erleichtern den Einstieg in den Kindergarten:

- Besuchen Sie vor dem ersten Kindergartentag gemeinsam mit Ihrem Kind mehrmals die Einrichtung.
- Wenn ein Kind schon andere Kindergartenkinder kennt, gewöhnt es sich schneller ein. Fördern Sie auf dem Spielplatz oder in der Nachbarschaft Bekanntschaften der Kinder.
- Ein Kinderpate erleichtert den Anfang. Regen Sie Patenschaften an, falls es sie in Ihrem Kindergarten noch nicht gibt.
- Seien Sie geduldig. Gewöhnen Sie Ihr Kind ganz allmählich an den neuen Lebensabschnitt. Begleiten Sie es am Anfang. Gehen Sie nach einiger Zeit weg, und vergrößern Sie allmählich die Dauer Ihrer Abwesenheit, bis Ihr Kind ein Vertrauensverhältnis zu den Erziehern entwickelt hat.
- Bringen Sie Ihr Kind rechtzeitig hin, und holen Sie es pünktlich ab.

Trennung auf Zeit

Sabine und Peter Fromm haben keine andere Wahl, als sie erfahren, dass Sabines Bruder, der in den USA lebt, tödlich verunglückt ist. Sie möchten ihrer dreijährigen Tochter Marina den langen Flug und die Trauerfeier ersparen und haben aus diesem Grund beschlossen, allein für eine Woche in die Staaten zu fliegen. Marina bleibt so lange bei der Patentante. Zum ersten Mal muss das kleine Mädchen nun eine Zeit lang ohne die Eltern auskommen.

Manchmal ist es unvermeidlich, dass sich die Eltern für einen bestimmten Zeitraum von ihren Kindern trennen, z. B. wenn ein Elternteil auf Geschäftsreise ist und der andere überraschend ins Krankenhaus eingeliefert wird. Kinder kommen i. d. R. mit der Trennung gut zurecht, wenn man sich an gewisse Regeln hält. Es ist aber unumgänglich, dass sie in der Zeit Ihrer Abwesenheit bei jemandem untergebracht sind, den sie gut kennen und dem sie vertrauen, wie etwa der Oma oder der Nachbarin.

- Seien Sie von Anfang an ehrlich. Sagen Sie nicht „Mama kommt ganz schnell wieder", wenn Sie zwei Wochen verreisen müssen oder vier Wochen im Krankenhaus sind.

- Erläutern Sie möglichst genau den Grund für die Trennung und warum Sie Ihr Kind nicht mitnehmen können. Beantworten Sie alle Fragen.
- Ein Abrisskalender kann helfen, damit Ihr Kind die Zeit ohne Sie besser einschätzen kann. Streichen Sie z. B. alle Tage ohne Eltern im Kalender blau an und den Tag Ihrer Rückkehr rot.
- Verabschieden Sie sich mit dem üblichen Ritual, und bringen Sie beim Wiedersehen ein kleines Geschenk mit.
- Sagen Sie Ihrem Kind, dass Sie in Gedanken bei ihm sind und dass es durch die Zeit ohne Sie selbstständiger wird.
- Falls Sie im Krankenhaus sind, machen Sie mit dem Kind regelmäßige Besuche aus.
- Zweijährige Kinder sollten nie länger als zehn Tage ohne beide Eltern sein, drei- bis fünfjährige maximal drei Wochen und sechs- bis neunjährige höchstens vier Wochen.

TIPP

So verabschieden Sie sich von Ihrem Kind

- Geben Sie Ihrem Kind einen kleinen Talisman mit, der es daran erinnert, dass Sie es lieb haben und später wieder abholen.
- Reden Sie Ihrem Kind seine Tränen nicht aus.
- Gestalten Sie den Abschied kurz. Lange Abschiedsszenen verunsichern.
- Verabschieden Sie sich täglich mit demselben Ritual.
- Schleichen Sie sich nie in einem unbeobachteten Moment davon, sonst verliert Ihr Kind das Vertrauen.
- Rufen Sie später im Kindergarten an, wenn Ihr Kind beim Abschied sehr geweint hat.

Alltagsängste

Im Alltag verbergen sich viele Dinge und Begebenheiten, die Kindern Angst einflößen. Jeder neue Tag kann für ein kleines Kind mit neuen Ängsten verbunden sein. Morgens hat es Angst, weil es sich vor dem Kindergarten von der Mutter trennen muss, mittags fürchtet es sich vor einem großen Hund, nachmittags vor dem Zahnarzt und nachts vor einem Gewitter.
Begegnen Sie diesen Alltagsängsten mit Geduld und Verständnis.

Angst vor Misserfolgen

Jan hat von seinem Papa einen Bausatz für ein Motorrad geschenkt bekommen. Obwohl Jan erst dreieinhalb Jahre alt ist, hat sein Vater einen Bausatz für Kinder ab fünf gewählt, weil er meint, die Bausätze für zwei- bis fünfjährige Kinder lohnten sich nicht. Jan freut sich über das Geschenk und will es gleich zusammenbauen. Als er nach mehreren gescheiterten Versuchen aufgibt, ist er frustriert. Das nett gemeinte Geschenk führt zu einem Misserfolg bei Jan. Wenn Eltern zu hohe Anforderungen stellen und die Kinder merken, dass sie diesen nicht gerecht werden, kann sich Angst vor Misserfolgen entwickeln.

Häufen sich Misserfolge, kann das negative Folgen haben. Oft leidet das Selbstwertgefühl darunter, denn auch Kinder brauchen Erfolge. Doch manche Eltern machen es ihrem Kind schwer, indem sie seine Freizeit mit gut gemeinten Angeboten wie Kursen verplanen, ihm schon vor der Einschulung Lesen und Schreiben beibringen und meinen, sie müssten unbedingt ein hochbegabtes Kind haben. Auf diese Weise können Sie Ihrem Kind Misserfolge ersparen:

- Lassen Sie Ihrem Kind immer genügend Freizeit.
- Kaufen Sie nur altersgemäßes Spielzeug.
- Halten Sie sich mit Kritik zurück.
- Lassen Sie Ihr Kind entscheiden, ob es z. B. Musikunterricht möchte.
- Akzeptieren Sie die Begabungen Ihres Kindes, und versuchen Sie nicht, einen kleinen Chopin heranzuziehen, weil das Ihr eigener Traum war.
- Loben Sie Ihr Kind, und ermutigen Sie es. Wenn etwas nach mehreren Versuchen nicht klappt, machen Sie es gemeinsam. Bei Kindern, die häufig Misserfolge erleben, können sich körperliche Symptome wie Appetitlosigkeit, Hyperaktivität, Magenschmerzen, Kopfweh und Schlafprobleme zeigen.

Angst bei Streit der Eltern

Kinder haben feine Antennen und bekommen immer mit, wenn der Haussegen schief hängt, selbst wenn der Streit nicht vor ihren Augen abläuft. Sie leiden unter der schlechten Stimmung. Oft werden sie quengelig und buhlen um Aufmerksamkeit. Manche Kinder entwickeln Schuldgefühle und meinen, die Verantwortung dafür zu tragen, dass sich die Eltern streiten. Wenn Eltern lautstark vor den Kindern debattieren, ergreifen diese häufig Partei für Mama oder Papa. Nicht selten triumphiert der

Begünstigte: „Siehst du, auch Philipp ist auf meiner Seite!" und fühlt sich bestärkt. Doch Vorsicht! Zwei- bis Sechsjährige sind noch zu klein, um Zusammenhänge zu verstehen. Machen Sie Ihr Kind nicht zum Spielball der eigenen Probleme. Versuchen Sie keinesfalls, es zu bestechen, um es auf Ihre Seite zu ziehen, sonst verursachen Sie möglicherweise dauerhaften Schaden bei Ihrem Kind, indem Sie ihm das Gefühl vermitteln, es manipulieren zu wollen.

TIPP

Wenn Eltern sich streiten

- Sie sollten nie vor Ihren Kindern schreien, sonst verunsichern Sie sie und sind ein schlechtes Vorbild.
- Wenn es eine Meinungsverschiedenheit vor dem Kind gibt, vereinbaren Sie ein Stichwort, und diskutieren Sie dies später.
- Konstruktive Diskussionen vor dem Kind sind sinnvoll. Es merkt dann, dass Eltern nicht immer einer Meinung sein müssen, dass positive Lösungen aber trotzdem meistens möglich sind.
- Wenn Sie größere Probleme haben, kann eine Paartherapie helfen. Systemische Familientherapeuten beziehen das gesamte Familiensystem mit ein.
- Kinder leiden unter ständigen Streitigkeiten. Haben Sie sich dauerhaft auseinandergelebt, ist es für die Kinder besser, wenn Sie klar Position beziehen und sich trennen.

Angst vor Tieren

Dass sich Kinder vor Tieren fürchten, kommt relativ häufig vor. Manche Kinder haben vor kleinen Tieren wie Spinnen, Mäusen oder Ratten Angst, andere fürchten sich vor großen Tieren, insbesondere vor größeren Hunden. Bitte respektieren Sie diese Angst, und zwingen Sie Ihr Kind nicht, einen Hund zu streicheln, wenn es nicht möchte. Es ist auch wenig hilfreich zu sagen: „Der macht nichts, du brauchst keine Angst zu haben." Wenn Sie das sagen, fühlt sich Ihr Kind nicht ernst genommen. Es kann sogar falsch sein, dem Kind einzureden, dass es keine Angst zu haben braucht, weil ihm dann das Gefühl vermittelt wird, den eigenen Emotionen nicht trauen zu können. Die Ursachen für die Angst sind vielfältig. Manche Kinder haben die Furcht der Eltern übernommen. Andere wurden darauf konditioniert, d. h., sie haben die Angst gelernt. Einen Beweis, dass Konditionierung möglich ist, lieferte der Psychologe John B. Watson (1878–1958) in einem umstrittenen Experiment. Einem kleinen Jungen („Little Albert") zeigte er eine weiße Ratte. Das Kind reagierte ohne Furcht. Als Watson das Auftreten der Ratte mit lautem Lärm kombinierte, zuckte der Junge zusammen. Nach mehrmaligem Wiederholen reagierte das Kind schon mit Angst, als es nur die Ratte gezeigt bekam.

Im Alltag kann sich eine Konditionierung entwickeln, wenn z. B. beim Auftreten eines Hundes die schrille und laute Stimme der Hundebesitzerin ertönt, die dem Kind mehr Angst macht als der Hund selbst. Eigentlich fürchtet es sich nur vor der Stimme, doch wenn die laute Stimme und der Hund mehrmals zusammen auftreten, besteht die Gefahr, dass es diese Angst auf den Hund überträgt und sich in Zukunft vor allen Hunden fürchtet. Folgendes können Sie tun, wenn sich Ihr Kind vor Hunden fürchtet:

- Sehen Sie sich Bücher mit Hunden an, und gehen Sie mit Ihrem Kind zum Tag der offenen Tür des Tierheims.
- Die meisten Kinder finden Welpen süß. Bietet sich eine Gelegenheit, sollten Sie das Kind die Welpen auf den Schoß nehmen und streicheln lassen, wenn es dies wünscht.
- Versuchen Sie zunächst, die Angst vor kleineren Hunden zu reduzieren.
- Gehen Sie zutraulich auf die Hunde zu, und nehmen Sie Ihr Kind auf den Schoß, damit es den Hund streicheln kann.
- Meistens lässt die Angst nach, wenn das Kind von Freunden, die einen Hund besitzen, häufiger besucht wird. Das Kind darf den Hund füttern und aus sicherer Entfernung beobachten. Mit der Zeit wird es wahrscheinlich zutraulicher.
- Wenn das Kind fortwährend große Angst hat, leidet es möglicherweise an einer Phobie (s. S. 51 f.). Fragen Sie Ihren Kinderarzt.

Angst vor Ärzten

Manche Kinder haben so große Angst vor Ärzten, dass sie vor dem Arztbesuch typische Angstsymptome zeigen und sogar an Durchfall leiden. Dafür gibt es viele Gründe. Einige Kinder haben im Kindergarten Erzählungen aufgeschnappt oder entsprechende Filme gesehen. Andere haben die Angst von den Eltern übernommen, manche schlechte Erfahrungen mit einem verständnislosen Arzt gemacht. Heikler als der Kinderarztbesuch ist meistens der Termin beim Zahnarzt. Viele Erwachsene haben irgendwann negative Erfahrungen gemacht und Schmerzen erlitten, sodass sie häufig ihre Angst auf das Kind übertragen.

Deshalb sollten Sie auf keinen Fall vor den Kindern sagen: „Oh Gott, morgen muss ich zum Zahnarzt! Davor graut mir richtig." Nähern Sie sich dem Thema Zahnarzt beim Zähneputzen an, indem Sie Zahnarzt spielen und rufen: „Der Nächste, bitte!" Dann schauen Sie die Zähne an, loben Ihr Kind, wenn sie schön geputzt sind, und verscheuchen mit der Zahnbürste noch ein paar kleine Zahnmonster, die so gerne an den Zähnchen knabbern würden. Suchen Sie einen Zahnarzt, der geübt im Umgang mit Kindern ist. Beim ersten Mal darf das Kind auf Ihrem Schoß sitzen und mit dem Zahnarztstuhl hoch- und herunterfahren. Öffnen Sie den Mund Ihres Kindes nicht mit Gewalt, sondern sehen Sie den ersten Termin als Schnupperbesuch an. Folgende Tipps helfen außerdem, Ihrem Kind die Angst vor Ärzten zu nehmen oder wenigstens zu mildern:

- Idealerweise finden Sie einen Arzt, der genau erklärt, was er macht und warum: „Ich gebe dir jetzt eine Tetanusspritze, damit du nicht krank wirst, wenn du dich verletzt."
- Seien Sie ehrlich. Sagen Sie nicht: „Die Spritze wirst du gar nicht spüren", sondern: „Jetzt kommt ein kleiner Pieks".
- Erzählen Sie dem Kind keine Horrorgeschichten über Ärzte.
- Verlassen Sie sich auf das Gefühl Ihres Kindes. Wenn es nicht noch einmal zu einem bestimmten Arzt möchte, suchen Sie einen neuen.
- Zwingen Sie Ihr Kind beim ersten Arztbesuch zu nichts. Wenn es notwendig ist, kommen Sie lieber ein zweites Mal.

Angst vor dem Tod

Irgendwann wird jedes Kind mit dem Tod konfrontiert: Ein toter Regenwurm liegt im Garten, das Kaninchen des Nachbarkindes stirbt, der Großonkel erliegt seinem Krebsleiden. Während ganz kleine Kinder noch denken, sie würden für immer leben, begreifen sie mit drei oder vier Jahren langsam die Endlichkeit des Lebens. Das verwirrt die meisten Kinder. Sie glauben, dass Tote zurückkommen, oder fragen, wo sie nun sind. Beantworten Sie ehrlich und altersgemäß die Fragen Ihres Kindes. Dabei können Sie ihm natürlich Ihre persönliche Einstellung mitgeben, also z. B. sagen: „Der Opa ist jetzt im Himmel und schaut von oben auf dich herab" oder „Die Tante ist nun in einer anderen Welt, aber sie wird nie mehr zurückkommen". Allerdings sollten Sie sich vorher mit Ihrem Partner abstimmen, ob Sie vom Himmel erzählen möchten oder nicht. Es empfiehlt sich, mit dem Kind möglichst früh über einen nahenden Tod zu reden, weil der Schock sonst groß sein kann. Wenn möglich sollte man die im Sterben liegende Person noch einmal mit dem Kind besuchen. Bei dem Tod naher Verwandter oder Freunde sind die Eltern mit ihrer eigenen Trauer und den Formalitäten oft so beschäftigt, dass sie sich nicht um das Kind kümmern können. Möglicherweise zieht es sich dann zurück, entwickelt Schuldgefühle und Angst vor dem Tod. Deshalb sollten Sie sich auch in der größten Stresssituation Zeit für Ihr Kind nehmen. Entscheiden Sie mit Ihrem Partner und Kind, ob es mit auf eine Beerdigung geht. Wundern Sie sich nicht, wenn Ihr Kind dort aus Unsicherheit paradoxe Verhaltensweisen zeigt und z. B. am Grab einen Lachanfall bekommt. Machen Sie ihm keine Vorwürfe. Besuchen Sie mit Ihrem Kind auch später noch das Grab, und legen Sie an Geburts- und Todestagen Gedenkminuten ein.

Angst vor Monster, Geist & Co.

Die Angst vor Hexen, Gnomen, Gespenstern o. Ä. geht meistens mit der Zeit einher, in der Kinder besonders empfänglich für Fabelwesen sind und eine ausgeprägte Fantasie haben (s. S. 11 f.). Häufig trennen die Kinder dabei scharf in gute und böse Figuren. Wenn Ihr Kind Angst hat, nachts von einem Monster gefangen zu werden, sollten Sie gemeinsam mit ihm überlegen, was Sie dagegen unternehmen können. Vielleicht kann die gute Hexe den bösen Gnom auffressen? Oder die Katze geht auf die Lauer und fängt das Gespenst? Möglicherweise hilft es Ihrem Kind auch, eine Knoblauchzehe gegen Vampire auf das Fensterbrett zu legen.

Im Folgenden finden Sie einige Erste-Hilfe-Maßnahmen bei Angst vor Fantasiefiguren:

- Hänseln Sie Ihr Kind nie. Verkneifen Sie es sich also z. B. zu sagen: „Du bist schon so groß und hast noch Angst vor Geistern? Du weißt doch, dass es die nicht gibt."
- Hören Sie Ihrem Kind zu, und nehmen Sie es ernst.
- Reden Sie ihm die Angst nicht aus.
- Zeigen Sie Ihrem Kind, dass es auch gute Gespenster gibt: Lesen Sie Mut machende Hexengeschichten, besorgen Sie eine Geistlampe, und verkleiden Sie Ihr Kind an Fasching als Gespenst.
- Wenn das Kind sich nicht davon abbringen lässt, dass der Geist nachts in sein Zimmer kommt, kann folgendes Ritual helfen: Fragen Sie Ihr Kind, welche Nascherei der Geist am liebsten mag, und füllen Sie z. B. Himbeerbonbons in eine bunte Papiertüte. Das Kind darf vor dem Schlafengehen die Tüte neben das Fenster oder die Tür stellen. Wenn nachts der Geist kommt und in die Himbeerbonbonfalle tappt, schnappt diese zu. Am Morgen gehen Sie auf den Balkon, an ein Fenster oder in den Garten und lassen den Geist aus der Tüte.

Angst vor erneutem Unfall

Wenn Kinder einen Unfall erlebt haben, der mit Schmerzen und Angst verbunden war, haben sie häufig Angst, dass sich der Unfall wiederholen könnte. Aus heiterem Himmel können die Gefühlszustände während des Unfalls nochmals durchlebt werden. Dies kann mit Angstsymptomen wie Schwitzen, erhöhtem Herzschlag, Blässe und Atemnot einhergehen. Mit folgenden Tipps können Sie bei Ihrem Kind die Angst vor einem erneuten Unfall mildern:

- Raten Sie nicht, den Unfall zu verdrängen, indem Sie Ihrem Kind sagen: „Besser, du denkst da nicht mehr dran."
- Reden Sie mit Ihrem Kind über den Unfall.
- Helfen Sie dem Kind, den Unfall zu verarbeiten. Kinder gehen meist spielerisch damit um. Manche malen den Unfall, andere spielen ihn mit ihren Figuren und Spielzeugautos nach, wieder andere träumen davon.
- Wenden Sie Entspannungstechniken an (s. S. 43 ff.).
- Sagen Sie, dass der Unfall natürlich schlimm war, es aber noch schlimmer hätte kommen können und dass eine Wiederholung wirklich sehr unwahrscheinlich ist.

- Gehen Sie zum Kinderpsychologen oder Arzt, wenn die Angstsymptome anhalten bzw. das Kind unter Albträumen leidet.

Angst vor Gewittern

Das Naturereignis mit Blitz und Donner macht manchen Kindern lange zu schaffen. Sie können sich nicht erklären, wieso der Himmel plötzlich aufleuchtet und woher das laute Grollen kommt. Um Ihrem Kind die Angst vor Gewittern zu nehmen, sollten Sie ein Unwetter abwarten, das bei Tag kommt. Gehen Sie dann mit der ganzen Familie vor ein großes Fenster, beobachten und erklären Sie das Gewitter. Je mehr Kinder über die Entstehung von Naturereignissen wissen, desto weniger fürchten sie sich vor ihnen. Sie können Ihren Kindern ein Unwetter so erklären: „Bei einem Gewitter wird viel Luft umhergewirbelt. Es sind sehr starke Kräfte tätig. Deshalb entsteht elektrische Spannung, die sich durch Blitze entlädt. Blitz und Donner treten am Ort des Gewitters immer zur gleichen Zeit auf. Das laute Donnergrollen entsteht, wenn sich die Luft schnell ausdehnt." Sicher wird Ihr Kind fragen, warum es zuerst den Blitz sieht und dann den Donner hört, wenn doch beides gleichzeitig stattfindet. Erklären Sie ihm, dass der Schall langsamer als der Blitz ist, der mit Lichtgeschwindigkeit wandert, und deshalb zuerst der Blitz zu sehen und dann der Donner zu hören ist. Nach dem Blitz können Sie zusammen mit Ihren Kindern laut zählen, bis Sie den Donner hören.

So können Sie einfach bestimmen, wie weit das Gewitter entfernt ist. Der Schall legt 330 Meter pro Sekunde zurück. Wenn Sie also von 21 bis 31 zählen, ist das Gewitter 3,3 Kilometer von Ihnen entfernt. Sagen Sie Ihren Kindern, dass Sie im Haus sicher vor dem Unwetter sind, und geben Sie ihnen ein paar Hinweise für das Verhalten im Freien im Falle eines Gewitters. Viele Gewitter kommen bei Nacht. Manche Kinder schlafen ruhig weiter. Wenn ein Kind jedoch aufwacht und große Angst hat, sollte es zu den Eltern ins Bett klettern dürfen.

INFO

Soziale Ängste		
Angst	**Wie zeigt sich die Angst?**	**Was hilft dagegen?**
Schüchternheit	Kind beobachtet zunächst und hat eine längere Anlaufphase	Ermutigung, Lob, wenig Kritik und Zeit für Rückzug
Angst vor Fremden	extreme Zurückhaltung gegenüber Unbekannten	Zeit lassen, zu nichts zwingen, evtl. Humor
Angst vor anderen Kindern	Kind spielt lieber allein und traut sich nicht, die anderen zu fragen, ob es mitspielen darf	nachmittags Gruppen besuchen, zu denen Eltern mitdürfen, Kontakte knüpfen, privat Kindergartenfreunde einladen
Schlafbezogene Ängste		
Nicht-ins-Bett-Wollen	Hinauszögern des Zubettgehens	festes Bettritual, Geborgenheit vermitteln, evtl. spätere Schlafenszeiten
Angst vor der Dunkelheit	Kind fürchtet sich im Dunkeln	Naturphänomene wie Sonne und Mond erklären, Nachtlampe kaufen, Tür geöffnet lassen, Kuscheltier
Albträume	Kind ruft nachts, ist aufgeregt, erzählt evtl. von Traum, beruhigt sich schnell und erinnert sich am nächsten Tag	Kind beruhigen, nachts nicht zu sehr auf den Traum eingehen, am nächsten Morgen auf jeden Fall darüber reden

Nachtschreck	Tritt in der Tiefschlafphase auf, Kind ist sehr erregt, schreit, zeigt Angstsymptome und erinnert sich am nächsten Tag nicht	Kind trösten und bei ihm bleiben, bis es wieder schläft; jeden Abend Gespräche über den Tag führen, insbesondere nach konfliktreichen Tagen
Trennungsängste		
Verlustangst	Kind fürchtet, dass es die Eltern verliert bzw. dass sie nicht mehr zurückkommen	Nie drohen, das Kind zu verlassen oder ins Heim zu stecken
Angst vor dem Alleinsein	Hinauszögern des Schlafengehens, nächtliches Aufsuchen des Elternbetts	Trost und Verständnis zeigen, Kind nur im Notfall allein lassen
Angst vor dem Kindergarten	klammern, weinen, schreien beim Abschied und die Bitte, nicht in den Kindergarten zu müssen	eigene Einstellung hinterfragen, Kontakt zu Kindergartenkindern knüpfen, richtig verabschieden, verlässlich abholen
Trennung auf Zeit	Kind hat Angst, eine Zeit lang ohne die Eltern zu sein	ehrlich den Grund erläutern, Geschenk mitbringen und Zeit begrenzen
Alltagsängste		
Angst vor Misserfolg	Frustrationen, die zu Wutanfall führen können, psychosomatische Symptome wie Magenschmerzen	eigene Ansprüche herunterschrauben, altersgemäßes Spielzeug, Kind bei Freizeitgestaltung mitreden lassen
Angst bei Streit der Eltern	Kind möchte Aufmerksamkeit, quengelt, weint und bittet die Eltern, aufzuhören	nicht vor Kindern schreien, aber konstruktiv Meinungsverschiedenheiten lösen, evtl. Therapie
Angst vor erneutem Unfall	Schwitzen, erhöhter Puls, trockener Hals, Albträume	über Unfall reden und bei Verarbeitung helfen, Entspannungstechniken

Angst vor Tieren	Kind wendet sich ab, weint, vermeidet ein Zusammentreffen	mit Tierbüchern, Tierkindern, Zoobesuchen etc. Tiere geduldig näherbringen, eigene Angst hinterfragen
Angst vor Katastrophen	besorgte Fragen nach Fernsehsendung o. Ä., Verantwortung bei sich suchen	erklären und relativieren, Kinder keine Nachrichten sehen lassen
Angst vor Ärzten	Angstsymptome, ggf. Durchfall	Ehrlichkeit, Geduld, im Zweifelsfall auf Kind hören und Arzt wechseln
Angst vor dem Tod	Kind stellt viele Fragen zum Thema und fürchtet sich z. B., dass die Oma stirbt	todkranke Familienmitglieder im Krankenhaus besuchen, Tod nicht tabuisieren, keine Horrorgeschichten erzählen, Grabstätten aufsuchen
Angst vor Monstern	Kind erzählt angsteinflößende Fantasiegeschichten	Angst ernst nehmen, „Angstkrokodil" o. Ä. besorgen, angstmachende Geräusche wie klappernde Fensterläden etc. beseitigen

Ängste besiegen

Es gibt Kinder, die sich nur gelegentlich vor etwas fürchten. Andere haben verschiedene, teilweise stärker ausgeprägte Ängste. Besonders diesen Kindern kann mit gezielt eingesetzten Techniken geholfen werden.

Entspannungstechniken

Wer einmal ein Kind in einer Angstsituation beobachtet hat, weiß, wie sich der kleine Körper dabei verkrampft. Bestimmte Entspannungstechniken können den Kindern helfen, körperlich und emotional zu entspannen. Schwierige Situationen sind auf diese Weise leichter zu ertragen, weil sich entspannte Kinder anders verhalten.

Autogenes Training: Richtig angewendet versetzt das autogene Training in einen gelösten, beruhigten Zustand und wirkt somit gegen Angst. Bei dieser verbreiteten Entspannungstechnik, die aus der Hypnose entwickelt wurde, fühlt sich der Körper durch Selbsthypnose warm und schwer an. Nacheinander werden verschiedene Übungen durchgeführt und dabei einfache Sätze gesprochen, wie z. B. „Ich bin ganz ruhig. Die Gedanken kommen und gehen. Nichts stört mich jetzt" oder „Die Arme und Beine werden schwer". Die Übungen sind allerdings erst für Kinder ab sechs Jahren geeignet. Für ältere Kindergartenkinder bieten manche Familienbildungsstätten ein modifiziertes autogenes Training mit Figuren an, die Geschichten erleben. Das Kind kann sich über das Miterleben entspannen.

TIPP

Lachen gegen Angst

Wer lacht, ist automatisch entspannt und gelassen. Dann hat die Angst wenig Chancen, in den ganzen Körper zu kriechen. Durch das Lachen wird der Adrenalinausstoß verringert. Stattdessen werden Glückshormone ausgeschüttet. Suchen Sie auch in angstauslösenden Situationen etwas Lustiges, über das Ihr Kind herzhaft lachen kann. Wenn sich der unbekannte Freund, vor dem sich das Kind fürchtet, z. B. die Schuhe auszieht und ein Loch in der Socke hat, könnten Sie sagen: „Schau mal, da guckt ja schon der große Onkel raus!"

Atemtechniken: Wer tief und gleichmäßig atmet, entspannt den Körper. Gemeinsam mit Ihrem Kind können Sie das Atmen üben: Vier Sekunden tief einatmen, vier Sekunden Luft anhalten, vier Sekunden ausatmen und vier Sekunden lang eine Pause machen. Diese Atemübung etwa zehnmal wiederholen. Der Puls verlangsamt sich, der Körper wird locker. Einfacher ist es, wenn Sie die Übung mit einem schönen Bild verknüpfen: Erzählen Sie von einem warmen Sommertag, an dem Ihr Kind auf dem Spielplatz seinen Freund trifft. Beide gehen auf die Wippe. Wenn das Kind oben auf der Wippe ist, atmet es ein, wenn es unten ist, aus.

Imagination: Helfen Sie Ihrem Kind dabei, sich vorzustellen, ein Baum zu sein – vielleicht eine alte Eiche, die groß, mächtig und stark ist. Wenn sich das Kind mit beiden Beinen fest auf den Boden stellt, kann es spüren, wie sich ein Baum fühlt, der tiefe Wurzeln gebildet hat und den so schnell nichts umwirft.
Die Kraft des imaginären Baums wird mit der Zeit auf das Kind übergehen. Besonders schüchterne Kinder können mit

dieser Übung stärker, ruhiger und entspannter werden.

Malen gegen Angst: Kinder lieben es zu malen. Oft sind sie dabei so konzentriert, dass sie alles um sich herum vergessen. Kinderzeichnungen können viel

darüber aussagen, wie es in der kleinen Seele aussieht. Besonders, wenn Kinder sich sprachlich noch nicht so gut ausdrücken können, helfen die bunten Bilder weiter. Sehen Sie sich das Bild genau an. Malt Ihr Kind in bunten Farben, oder bevorzugt es Farben wie Braun, Schwarz und Grau? Gibt es eine Sonne auf dem Bild oder nur große, dunkle Wolken? Lachen die Gesichter, oder sind sie traurig? Auch Laien können den allgemeinen Seelenzustand in den Bildern ihrer Kinder wiederfinden. Wenn ein Kind Angst hat, bitten Sie es nicht, die Angst zu malen, sondern schlagen Sie nach der angstauslösenden Situation beiläufig vor zu malen. Oft malt es dann automatisch eine Szene, die mit der Angst in Zusammenhang steht. Bei kleineren Kindern kann es hilfreich sein, selbst mit zu malen. Fragen Sie z. B., wie Sie das Gewitter der letzten Nacht malen sollen. Größere oder kleinere Wolken? Hellere Blitze oder schwächere? Vielleicht darf in der Ecke die Sonne langsam auftauchen? Durch die gemeinsame Malstunde erfahren Sie sehr viel über Ihr Kind und seine Ängste. Größere Kinder können von Anfang an selbst malen, aber auch kleine können bald allein zeichnen und brauchen nur noch Anregungen durch Fragen oder abschließende Gespräche.

Rituale unterstützen

Unter einem Ritual versteht man eine symbolische Handlung, die nach bestimmten Regeln abläuft. Rituale helfen gegen Kinderängste. Durch die festgelegten, immer wiederkehrenden Abläufe spüren die Kinder, dass es Zuverlässigkeit und Sicherheit gibt. Rituale bieten sich in allen Situationen an, die Unsicherheit und Angst hervorrufen können, wie z. B. beim Zubettgehen, beim Abschied etc. Ein Ritual kann auch durchgeführt werden, wenn ein Geschwister-

INFO

Warum sollten Rituale durchgeführt werden?

- Das gemeinsame Handeln stärkt die Familie.
- Rituale fördern Kreativität.
- Handeln ist manchmal wirksamer als Reden.
- Rituale verbinden die Fantasie des Kindes mit der Vernunft der Erwachsenen.
- Rituale vermitteln Sicherheit und Zuverlässigkeit.

kind kommt und die Eltern der Eifersucht des älteren Kindes vorbeugen wollen. Bei einem Begrüßungsritual lernt das größere Geschwisterkind das Baby kennen, und die Kinder tauschen vielleicht Geschenke aus, wobei natürlich die Hilfe der Eltern gefragt ist. Mit einem Schnullerritual kann ein Kind sich vom geliebten Schnuller verabschieden. Dabei könnte das Kind einen Abschiedssatz sagen, den Schnuller selbst in die Mülltonne werfen, ein Lied singen und von den Eltern eine Belohnung erhalten. Bei nächtlichen Ängsten bieten sich kleine Angstpüppchen oder -tiere an, die in Schachteln wohnen. Abends übergibt das Kind z. B. dem „Angstkrokodil" die Angst vor der Dunkelheit und macht den Deckel zu. Die Angst ist nun beim Krokodil gut aufgehoben. Das „Angstkrokodil" darf neben dem Bett wohnen. Dieses Ritual wird jeden Abend durchgeführt. Feste Rituale sind für alle Kinder hilfreich. Die nach bestimmten Regeln vorgegebenen Handlungsabläufe sind auch bei Mädchen und Jungen, die unter Aggressionen leiden, sinnvoll. Wenn Ihr Kind z. B. nach einem Wutanfall Probleme hat, wieder abzukühlen, könnten Sie jedes Mal ein Liedchen singen, mit dem Sie die Wut vertreiben. Mehr über Trotz, Aggressionen und Wut lesen Sie ab S. 53.

Mutmachspiele

Bei bestimmten Angstsituationen können Sie so mit den Tieren oder Puppen spielen, dass Ihr Kind herzhaft lachen muss und entspannt wenig Angst spürt. Manche Kinder haben z. B. Angst davor, ihr großes Geschäft in die Toilette zu machen, weil sie sich davor fürchten, einen Teil von sich in ein dunkles Loch abzugeben. Sie könnten einen großen Teddy nehmen, vielleicht mit einer Puppenwindel, ihm diese ausziehen und ihn aufs Töpfchen oder die Toilette setzen. Dann könnte der Teddy laut rufen: „Nein! Ich will das nicht! Mein Stinker gehört mir! Er soll nicht im Loch verschwinden!", und Sie können eine Stimme aus der Toilette erklingen lassen: „Hallo Stinker, hier ist der Fisch. Wir schwimmen hier alle im Wasser unter der Erde und das ist ganz lustig. Komm doch auch zu uns!"

Rollenspiele ermöglichen Kindern, in einem geschützten Rahmen verschiedene Rollen und die damit verknüpften Verhaltensweisen auszuprobieren. Wer kennt das nicht: Das Kind will die Rollen tauschen und mimt plötzlich die Mama, während die Mama das Kind spielen muss? Schön ist es, wenn mehrere Kinder mitspielen. Das Kind, das Angst hatte, darf die Rollen verteilen und sagen, wer z. B. den Hund spielt, wer das Kind und wer die Angst. Zunächst sollten die Kinder spielen, wie das Kind normalerweise auf Hunde reagiert, und anschließend, welche Möglichkeiten es gibt, anders zu reagieren. Bleiben Sie zunächst in der Beobachterrolle. Oft kommen von den Kindern selbst die besten Lösungsvorschläge. Wie auch beim Spiel mit Puppe oder Stofftieren werden viele Rollenspiele etliche Male wiederholt. Das ist wichtig, weil die Kinder das Geschehene damit verarbeiten. Schlagen Sie deshalb nicht vor, etwas anderes zu spielen.

Eltern können helfen

Bei der Bewältigung von Angst spielt das Verhalten der Eltern eine wichtige Rolle. Wenn Sie das Selbstbewusstsein Ihres Kindes stärken, sich mit Kritik zurückhalten, täglich mit ihm reden und sich Ihrer Vorbildfunktion bewusst sind, tun Sie viel, um die Ängste Ihres Kindes zu reduzieren.

Selbstbewusstsein stärken: Wer selbstbewusst ist, fühlt sich stark und hat weniger Angst. Deshalb ist es wichtig, dass Kinder ein gesundes Selbstbewusstsein entwickeln. Helfen Sie Ihrem Kind dabei, indem Sie es unterstützen, statt es zu bremsen, und ihm etwas zutrauen. Ein zweijähriges Kind ist z. B. schon in der Lage, auch einmal für eine kurze Zeit allein den Garten zu erkunden. Häufig testen Kinder gerade dann ihre Grenzen, wenn sie sich unbeobachtet fühlen. Möglicherweise ertappen Sie Ihren Zweijährigen, wie er Ihnen strahlend von der obersten Sprosse der Leiter herunterwinkt, die Sie am Apfelbaum vergessen haben. Bitte jetzt nicht losschreien! Eine falsche Reaktion könnte Ihr Kind verunsichern. Besser, Sie nähern sich langsam dem kleinen Kletterer an. Wenn Sie bei ihm sind, können Sie sagen: „Du bist ja ein Klettermax! Bist du ganz allein auf die Leiter geklettert? Das kannst du ja schon toll. Schau mal nach, ob noch ein Apfel am Baum ist. Das nächste Mal sagst du mir Bescheid, wenn du wieder auf die Leiter möchtest, dann komme ich mit." Wenn Sie Ihrem Kind kleine

TIPP

Wenig Kritik

Wenn Kinder im Haushalt helfen, geht öfter etwas schief. Verschüttet Ihr Kind beim Kuchenbacken Mehl, sollten Sie nicht sagen: „Du bist aber ungeschickt! Jetzt ist das ganze Mehl am Boden, und ich muss es wieder aufputzen. Nun backe ich allein weiter, du bist ja keine Hilfe." In diesem Fall hat Ihr Kind ein Misserfolgserlebnis. Besser wäre es zu sagen: „Ich finde es toll, dass du mir hilfst. Papa freut sich bestimmt auf unseren gemeinsamen Kuchen. Hoppla, da ging etwas daneben. Das putzen wir gleich zusammen weg. Wenn du einen Löffel nimmst, geht es besser." Am besten planen Sie von Anfang an mehr Zeit ein, wenn Sie mit Ihrem Kind backen, spülen oder putzen. Schimpfen Sie auch nicht, wenn Teller oder Gläser zu Bruch gehen. Das gestärkte Selbstbewusstsein Ihres Kindes wiegt die Scherben allemal auf.

Aufgaben übermitteln, können Sie dadurch auch sein Selbstbewusstsein stärken. Meistens fragen Kinder selbst, ob sie helfen können, oder fangen einfach an zu putzen oder zu spülen. Bitte verwehren Sie das freundliche Hilfsangebot nicht. Schon Zweijährige können einfache Aufgaben übernehmen und z. B. die Mozzarellakugeln in die Salatschüssel geben.

Gespräche: Reden ist Silber, Zuhören ist Gold – ein Grundsatz, der auch für die Erziehung Ihres Kindes gilt. Nehmen Sie sich jeden Tag Zeit für ausführliche Gespräche mit Ihrem Kind. So erfahren Sie, was Ihr Kind bedrückt, was es freut, worauf es stolz ist und wovor es Angst hat. Wenn Sie am Ende des Tages miteinander reden, helfen Sie Ihrem Kind, Problematisches zu verarbeiten. Fragen Sie: „Was hat dir besonders an dem heutigen Tag gefallen? Und was fandest du nicht so gut?" Kleine Kinder erzählen von sich aus meist wenig und müssen durch Fragen animiert werden. Geben Sie dabei nicht auf, auch wenn Ihr Kind einsilbig ist. Manchmal sagen die Kleinen aus heiterem Himmel Sätze wie: „Der Sascha hat heute aber geweint." Dann sollten Sie immer nachfragen, zuhören und Lösungsvorschläge besprechen. Größere Kinder erzählen meistens von sich aus, was sie beschäftigt, aber auch bei ihnen hat sich ein festes Ritual, bei dem über den Tag gesprochen wird, bewährt.

Vorbildfunktion: Kinder beobachten ihre Eltern ganz genau und übernehmen viel von deren Verhalten. Sie registrieren, wenn der Papa jeden Tag die Haustür abschließt, die Fenster zumacht und die Alarmanlage anstellt. Auf Nachfrage sollten Sie nicht lügen und die Angst vor Einbrechern abstreiten. Besser wäre es aber, Sie sichern das Haus erst, wenn Ihr Kind schon schläft. Beobachten Sie Ihr eigenes Verhalten, und bemühen Sie sich, Ihre Ängste vor dem Kind zurückzunehmen. Springen Sie über Ihren eigenen Schatten, und reden Sie mit anderen Eltern im Kindergarten, auch wenn Sie zurückhaltend sind. Unterdrücken Sie einen Schrei, wenn Sie im Katzenfutter Maden entdecken, und beseitigen Sie diese unauffällig. Wechseln Sie nicht die Straßenseite, wenn Sie mit Ihrem Kind einem großen Hund begegnen, vor dem Sie vielleicht mehr Angst haben als Ihre Tochter oder Ihr Sohn. Bleiben Sie ruhig, auch wenn Sie sich über Ihr Kind ärgern. Zählen Sie langsam bis zehn, und reden Sie leise mit Ihrem Kind, statt gleich loszuschreien. Bemühen Sie sich um einen guten Umgangston mit Ihrem Partner. Und zeigen Sie Verständnis, wenn Ihr Kind Angst hat. Nehmen Sie es in den Arm, beruhigen Sie es, und sagen Sie vielleicht: „Ich kann gut verstehen, dass du jetzt Angst hast. Als ich so alt war wie du, habe ich mich auch vor Gewittern gefürchtet."

INFO

Wer kann helfen?

Neben dem Kinder- oder Hausarzt können Sie sich an psychologische Beratungsstellen für Familien wenden, die es z. B. unter kommunaler oder kirchlicher Trägerschaft gibt. Normalerweise wird zunächst ein Gesprächstermin vereinbart. Die Beteiligten überlegen dann gemeinsam, ob weitere Termine sinnvoll sind oder ob andere Maßnahmen ergriffen werden sollten. Familienberatungsstellen bieten ihre Dienste entweder kostenlos oder gegen eine geringe Gebühr an. Auch Psychologen können helfen.

Angst als Krankheit

Wie schon in den vorangegangenen Kapiteln beschrieben, gehört Angst in gewissem Maße zum Leben dazu. Viele Ängste im Kindesalter entsprechen bestimmten Lebensabschnitten und lassen später wieder nach. Doch jedes Kind entwickelt sich unterschiedlich. Es ist deshalb nicht einfach, eine Grenze zu ziehen und zu entscheiden, wann Angst kein Grund zur Sorge und wann sie behandlungsbedürftig ist. Als Faustregel gilt: Wenn ein normales Leben kaum mehr möglich ist, weil die Angst des Kindes alles überschattet, und wenn der Alltag dadurch stark beeinträchtigt ist, sollten Sie Hilfe suchen.

Emotionale Störung mit Trennungsangst

Wie beschrieben, sind Trennungsängste bei kleineren Kindern normal. Wenn die Angst über das fünfte Lebensjahr hinaus weiterbesteht und das Leben des Kindes beeinträchtigt, liegt möglicherweise eine emotionale Störung mit Trennungsangst vor. Betroffene Kinder zeigen verschiedene Symptome, die unterschiedlich stark ausgeprägt sein können. Manche leiden wiederholt unter körperlichen Erkrankungen wie Kopfschmerzen, Übelkeit oder Bauchweh, andere haben immer wieder Albträume, die von Trennungen handeln. Es gibt Kinder, die sich unangemessen stark davor fürchten, dass ihrer Bezugsperson etwas zustößt, und die wiederholt große Angst davor haben, allein bzw. ohne die Bezugsperson zu Hause zu sein. Kinder, die unter emotionalen Störungen mit Trennungsangst leiden, weigern sich, die Schule oder den Kindergarten zu besuchen, und reagieren mit Schreien, Klammern und Wutausbrüchen, wenn sie von ihrer Bezugsperson getrennt werden. Wenn Sie diese Symptome bei Ihrem Kind beobachten und z. B. ein Grundschulbesuch wegen der Trennungsangst kaum möglich ist, sollten Sie einen Arzt oder Psychologen zurate ziehen. Bei Kindern, die unter Angsterkrankungen leiden, wird meist eine ambulante Therapie durchgeführt. Verschiedene Behandlungsschritte sind möglich, die auch kombiniert werden können:

- Aufklärung von Eltern und Kind über die Krankheit
- Beratung mit Schule und/oder Hausarzt
- Psychotherapie (Verhaltenstherapie, psychodynamische Psychotherapie oder Körperpsychotherapie)
- medikamentöse Therapie
- Einbeziehen der Familie

Stationäre oder teilstationäre Therapien werden bei Kindern nur in besonders schweren Fällen durchgeführt.

Phobische Störung

Auch die Angst vor Objekten oder Situationen wie Gewittern, Hunden etc. ist in gewissem Maße entwicklungsbedingt und lässt i. d. R. nach, wenn die Kinder älter werden. Wenn die Angst sehr ausgeprägt ist und das Kind versucht, die entsprechenden Objekte oder Situationen zu meiden, liegt evtl. eine phobische Störung (phobie; altgriechisch für Furcht/Angst) vor, die behandelt werden

INFO

Symptome einer phobischen Störung

- Die Angst vor Objekten oder Situationen zeigt sich wiederholt und ist sehr stark ausgeprägt.
- Das Kind leidet dabei unter deutlichen Begleiterscheinungen wie Zittern, Blässe, Herzklopfen, Atemproblemen o. Ä.
- Das Kind vermeidet angstauslösende Situationen bzw. Objekte.
- Wird es in eine angstauslösende Situation gebracht, reagiert das Kind mit Schreien, Weinen und Klammern an die Bezugsperson.

sollte. Gehen Sie zum Arzt, Psychologen oder zu einer Familienberatungsstelle, wenn die Angst übermächtig erscheint und das Kind so behindert, dass ein normaler Alltag nicht mehr möglich ist.

Störung mit sozialer Ängstlichkeit

Auch das Fremdeln ist bei sehr kleinen Kindern nicht ungewöhnlich. Normalerweise lässt diese Angst ab dem zwölften Lebensmonat wieder nach. Wenn das nicht der Fall ist und das Kind eine unangemessen große Furcht vor Fremden zeigt, leidet es möglicherweise unter einer Störung mit sozialer Ängstlichkeit, die behandelt werden muss. Betroffene Kinder vermeiden Situationen, in denen sie fremde Personen treffen. Sie sind Unbekannten gegenüber unangemessen verlegen und befangen. Durch das Vermeidungsverhalten sind die Beziehungen mit anderen stark eingeschränkt, was die Kinder wiederum unglücklich macht. Deshalb sollten Sie sich um professionelle Hilfe bemühen, wenn Ihr Kind wiederholt eine extreme Furcht vor fremden Kindern und Erwachsenen zeigt und dadurch Schwierigkeiten hat, Beziehungen zu anderen Kindern aufzubauen.

Psychosomatische Angsterkrankungen

Bei psychosomatischen Erkrankungen zeigt sich die Angst nicht direkt, sondern in körperlichen Symptomen. Die Kinder leiden unter Allergien, Durchfall, Kopfweh, Magenschmerzen oder Erbrechen. Da die Ursachen für diese Beschwerden sowohl körperlicher als auch seelischer Art sein können, ist es schwierig, zu entscheiden, wann ein Besuch beim Arzt angebracht ist. Wenn ein Kind z. B. vor dem Schulreifetest oder einer anderen Prüfung Übelkeit verspürt und den Test dennoch gut besteht, ist das normalerweise kein Anlass zur Sorge. Wenn die Übelkeit aber überhandnimmt und das Kind daran hindert, die Prüfung zu absolvieren, ist Vorsicht angebracht. Grundsätzlich sollten Sie aufmerksam werden, wenn Ihr Kind immer wieder über dieselben körperlichen Leiden klagt, und den Kinderarzt um Rat fragen. Gehen Sie besser einmal zu viel zum Arzt als einmal zu wenig.

Trotz und Aggression bei Kindern

Wenn aus Engeln Wüteriche werden ...

Die Trotzphase, die etwa mit dem zweiten Lebensjahr beginnt und nach dem vierten langsam wieder nachlässt, ist für die meisten Eltern eine harte Geduldsprobe. Viele fragen sich, was sie falsch gemacht haben, wenn ihr Kind plötzlich zum tobenden und stampfenden Minimonster wird. Tatsache ist jedoch, dass die meisten Eltern nichts falsch gemacht haben. Sie sollten sich vielmehr Sorgen machen, wenn die Wutanfälle bei Ihrem Kind ausbleiben.

In der Trotzphase beginnen die Kinder sich mehr und mehr als eigenständige Wesen zu begreifen. Sie wissen, was sie wollen, und werden manchmal sehr wütend, wenn sie ihren Kopf nicht durchsetzen können. Entwicklungspsychologen bezeichnen diesen Zeitraum als Autonomiephase, da „Trotz" ein negativ gefärbter Begriff und die Phase Bestandteil der normalen Entwicklung ist. Wenn Kinder mit etwa zwei Jahren in die Autonomiephase kommen, können sich die meisten von ihnen schon gut verständigen. Umso mehr bereitet es den Eltern Kopfzerbrechen, dass sie während eines Trotzanfalls brüllen, statt zu sprechen. Doch Schreien, Toben und Stampfen sind für das Kind oft die einzigen Möglichkeiten, seinem Unwillen Ausdruck zu verleihen, da die sprachliche Ausdrucksfähigkeit noch eingeschränkt ist und es wohltuend sein kann, die Wut hinauszubrüllen.
Natürlich ist ein Wutanfall nicht erstrebenswert. Er ist aber auch keine Katastrophe, und deshalb sollten Sie ihn auch nicht als solche werten.

Was versteht man unter Wut, Trotz und Aggression?

Wie Angst, Freude oder Trauer ist auch Wut eine Emotion. Dieser Gefühlszustand kann durch entsprechende Situationen oder Objekte ausgelöst werden und bewirkt oft eine Verhaltensänderung. Bevor ein Kind trotzig oder aggressiv reagiert, spürt es meistens Wut, die dann für alle sichtbar abrea-

INFO

Aggression

Wer wütend ist, kann als Folge aggressiv werden. Bei aggressivem Verhalten werden oft Gegenstände oder Lebewesen beschädigt bzw. verletzt. Angriffs-, Verteidigungs- und Fluchtverhalten treten sehr häufig in Zusammenhang mit Aggressionen auf.

giert wird. Die Kinder sind oft ganz außer sich. Sie verlieren für einen Moment die Kontrolle und sind in ihrer Wut gefangen. Der Ärger kann sich gegen Dinge oder Personen richten.

Wut ist eine sehr ausgeprägte und schwer zu beherrschende Emotion. Schon Erwachsene müssen sich häufig zügeln, wenn sie wütend sind. Für kleine Kinder, die noch nicht gelernt haben, ihre Gefühle im Zaum zu halten, ist das sehr schwer. Wer wütend ist, ist erregt und empfindet diese Emotion als sehr intensiv. Über die Entstehung von Wut und die möglicherweise nachfolgende Aggression gibt es drei Theorien:

Frustrations-Aggressions-Theorie: Diese Theorie besagt, dass Frustrationen aggressive Verhaltensweisen auslösen. Diese werden häufig durch Wutanfälle abreagiert. So kann ein Kleinkind einen Wutanfall bekommen, wenn es ihm nicht gelingt, den kleinen Spielzeuganhänger in die Anhängerkupplung des Spielzeugautos zu stecken.

Triebtheorie nach Sigmund Freud: Nach Freuds Triebtheorie ist der Aggressionstrieb beim Menschen angeboren. Verläuft eine der vier verschiedenen Phasen (oral, narzisstisch, anal, ödipal) in der Kindesentwicklung ungünstig, kann dies später zu schweren psy-

chischen Krankheiten und Störungen führen.

Lerntheorie nach Albert Bandura: Vertreter der Lerntheorie sind der Ansicht, dass es sich bei Aggression um ein Verhalten handelt, das durch Erfahrung oder Vorbilder erlernt wurde. Wenn z. B. ein kindlicher Trotzanfall erfolgreich war, wiederholt das Kind ihn beim nächsten Mal. Erfährt das Kind dagegen keine Bestärkung, ist es wahrscheinlich, dass der nächste Trotzanfall unterbleibt.

Trotz und Aggression in der kindlichen Entwicklung

Anna-Lena, zwei Jahre, hat ihren Eltern bisher wenig Probleme bereitet. Auch beim Zähneputzen macht sie eifrig mit. Als sie eines Tages beginnt, sich die Zähnchen zu putzen, merkt sie, dass die Zahncreme anders schmeckt. Noch bevor die Mutter beschwichtigend auf sie einreden und ihr erklären kann, dass die andere Zahncreme ausverkauft war, bekommt Anna-Lena einen Wutanfall. Sie schreit, stampft mit den Füßchen und wirft ihre Zahnbürste von sich. Die Eltern versuchen, sie zu beruhigen, aber sie erreichen ihre Tochter überhaupt nicht. Anna-Lena hat mit zwei Jahren ihren ersten Wutanfall. Die Trotz- oder Autonomiephase bereitet zwar vielen Eltern Kopfzerbrechen, aber sie ist ein Zeichen dafür, dass sich ein Kind normal entwickelt. Im Alter von etwa zwei Jahren versucht ein Kind, sich von der Umwelt abzugrenzen, seinen Willen durchzusetzen und sich zu behaupten. Wenn Sie bei Ihrem Kind zum ersten Mal einen Trotzanfall beobachten, werden Sie

INFO

ADHS und ADS

Die Krankheiten ADHS (Aufmerksamkeitsdefizit-/Hyperaktivitätssyndrom) und ADS (Aufmerksamkeitsdefizitsyndrom) können sich u. a. in Wutanfällen äußern. Kinder mit ADHS lassen sich leicht ablenken und können sich schlecht konzentrieren. Sie sind sehr impulsiv, zappelig und erleben extreme Gefühlszustände, zu denen auch Wutanfälle gehören. ADS ist schwieriger als ADHS zu diagnostizieren, weil diese Kinder ruhiger sind. Sie verstehen Regeln nicht oder missachten sie und haben Probleme, Freundschaften zu schließen. Wie ADHS kann auch ADS zu starken Wutanfällen führen. Wenn Sie die Vermutung haben, dass Ihr Kind unter ADHS oder ADS leidet, sollten Sie sich an einen Kinder- bzw. Facharzt wenden.

möglicherweise bestürzt sein. Mit der Zeit aber werden Sie sich an die Anfälle gewöhnen und gelassener reagieren. Manche Kinder, die in ihrer sprachlichen Entwicklung langsamer sind als andere, zeigen ein verstärktes Trotzverhalten. Der Grund dafür ist, dass diese Kinder sich verbal nicht so gut ausdrücken können wie Gleichaltrige. Wenn die Bezugsperson ihre Worte nicht versteht, kann das bei den Kindern zu Unmut führen, wodurch Trotzverhalten noch gefördert wird. Suchen Sie einen Logopäden (Sprachtherapeuten) auf, wenn Ihr Kind sprachliche Schwächen hat. Gehen Sie sensibel auf Ihr Kind ein, hüten Sie sich vor Spott.

Wie zeigen sich Trotz und Aggression?

Trotzanfälle sind nicht zu übersehen. Wenn Kinder ihrer Wut freien Lauf lassen, verlieren sie für einen Augenblick die Kontrolle über sich und ihre Gefühle. Sie brüllen, schreien, weinen, stampfen, werfen sich auf den Boden, laufen vor Wut rot an und werfen mit Gegenständen. Nicht selten richtet sich ein Wutanfall gegen Personen, meistens gegen die Eltern. Dann kann es vorkommen, dass diese Minimonster wütend um sich schlagen, kratzen und beißen. Einige Mädchen und Jungen lassen ihre Wut an Spielzeug aus. Wenn das Kind erst tobt und wütet, ist es meistens nicht ansprechbar und reagiert deshalb auch nur beschränkt auf die Umwelt. Glücklicherweise ist ein Trotzanfall immer zeitlich begrenzt. Wenn sich das Kind beruhigt hat, können Sie in Ruhe mit ihm reden.

Die Trotzphase fordert Eltern

Keine Frage: Die Autonomiephase stellt Eltern auf eine harte Probe. Mit Geduld und Nachsicht tun sich viele Eltern v. a. dann schwer, wenn der Wutanfall von den Kindern wirkungsvoll vor einem größeren Publikum inszeniert wird, z. B. beim Einkaufen, in der U-Bahn oder auf dem Spielplatz. Manche Eltern sind gerade bei Wutanfällen in der Öffentlichkeit dazu geneigt, nachzugeben und dem Kind seinen Willen zu lassen. Doch das ist nicht der richtige Weg. Wie Sie auf Wutanfälle angemessen reagieren, lesen Sie ab S. 73.

Wutanfälle entstehen häufig, wenn die Erwachsenen anders reagieren, als es sich die Kinder wünschen. Sie begreifen noch nicht, warum sie nicht wie Papa die Rolle in den blauen Farbeimer tunken und mitstreichen dürfen, wo es doch so viel Spaß zu machen verspricht. Die Kinder fühlen sich gegenüber den Großen ohnmächtig und werden wütend, weil sie

hilflos sind. Es macht sie aggressiv, dass sie nicht alles dürfen und nicht so stark wie die Erwachsenen sind. Es gibt keine Methode, mit der Sie Wutanfälle vermeiden können. Erstens können und sollten Sie dem Kind ohnehin nicht immer alles recht machen, und zweitens betrachtet auch das Kind die Wutanfälle als Autonomiebestreben, die es selbstständiger machen.

Versuchen Sie, Wutanfälle positiv zu sehen. Ihr Kind weiß genau, was es will und braucht, und versucht, seine Forderungen durchzusetzen. Es kennt seine Wünsche und Bedürfnisse. Vielen Erwachsenen ist das Wissen um ihre eigenen Bedürfnisse dagegen abhandengekommen.

Jeder Wutanfall ist anders

Nicht jeder Wutanfall kommt aus heiterem Himmel. Kinder werden in ihren Fähigkeiten oft unterschätzt, und die wenigsten Erwachsenen trauen ihren Kleinen zu, dass sie Trotzanfälle gezielt einsetzen. Tatsächlich aber haben viele Kinder die Verhaltensmuster längst durchschaut. Sie wissen, wie die Eltern reagieren, und sind häufig in der Lage, Wutanfälle gezielt einzusetzen.

INFO

Einmal Wutmonster - immer Wutmonster?
Viele Eltern fürchten, dass ihre Kinder auch dann häufige Trotzanfälle haben, wenn sie nicht dabei sind, z. B. im Kindergarten oder beim Babysitter. Diese Sorge ist i. d. R. unbegründet. Meistens wüten Kinder vor ihren Eltern bzw. vor nahestehenden Bezugspersonen. Am häufigsten bekommen normalerweise Mütter die geballte Wut zu spüren, weil sie viel Zeit mit dem Kind verbringen und entsprechend mehr verbieten müssen.

Inszenierte Wutanfälle

Die meisten Wutanfälle treten einfach so auf, weil sie zum Großwerden dazugehören. Sie entstehen nicht, weil der Lieblingsball wenig Luft hat und nicht mehr gut hüpft. Der Ball ist allenfalls der Auslöser. Manchmal inszenieren Kinder ihre Wutanfälle regelrecht, weil sie Publikum brauchen. Dann fangen sie ein großes Gezeter an der Supermarktkasse an, weil sie glauben, dass sich unter den anderen Anwesenden ganz sicher jemand findet, der auf ihrer Seite ist.
Aber oft geben sie sich schon mit einem Elternteil als Zuschauer zufrieden, denn die Eltern sind ihr liebstes Publikum. Manche Kinder schauen sich sogar erst im Zimmer um, bevor sie zu toben anfangen. Bei inszenierten Wutanfällen geht es Kindern nicht immer darum, ihren Willen durchzusetzen. Manchmal brauchen sie einfach Aufmerksamkeit.

Möglicherweise haben sie aber auch gelernt, dass Trotzen sehr schnell zum gewünschten Erfolg führt, und setzen die Wutanfälle nun ganz bewusst ein, weil die hilflosen Eltern ihren Wünschen einmal nachgegeben haben. Meistens hört das Kind ganz schnell mit Toben auf, wenn es sein Ziel erreicht hat. Für das Kind selbst macht es keinen großen Unterschied, ob der Wutanfall absichtlich eingesetzt wurde oder ob der Ärger es einfach so überkommt. Jedes Mal befindet es sich in einem emotionalen Ausnahmezustand und braucht eine Weile, bis es wieder festen Boden unter den Füßen hat. Häufig verstehen Kinder nach einem Wutanfall selbst nicht, was sie so auf die Palme gebracht hat. Sie geloben Besserung, die aber i. d. R. nicht eintritt, weil die Kinder noch nicht weit genug entwickelt sind. Das hat zur Folge, dass die Eltern enttäuscht sind. Das Kind spürt die Enttäuschung, aber die Emotionen sind stärker als der kindliche Verstand. Seien Sie deshalb nicht trau rig, wenn Ihr Kind sein Versprechen, nicht wütend zu werden, nicht einhält.

Wutanfälle zum Dampfablassen

Manche Kinder brauchen ihre Wutanfälle, um die angestauten Emotionen herauslassen zu können. Besonders in Familien, in denen wenig über Gefühle gesprochen wird und Probleme unter den Teppich gekehrt werden, sind Wutanfälle für Kinder wichtig, um Dampf abzulassen. Auch introvertierte Kinder, die sich schwer damit tun, über ihre Emotionen zu reden, überforderte Kinder und Kinder, die viel vor dem Fernseher oder Computer sitzen, statt sich zu bewegen, sind gefährdet, Wutanfälle als Ventil zu missbrauchen. Mit folgenden Maßnahmen können Sie bei Ihrem Kind Wutanfälle zum Dampfablassen verhindern:

- Seien Sie ein positives Vorbild, und reden Sie über Ihre Gefühle.
- Lassen Sie auch negative Emotionen wie Trauer, Angst und in gewissem Rahmen Wut zu.
- Gestehen Sie Ihrem Kind zu, dass es nicht an allen Tagen gleich gut gelaunt ist.
- Gehen Sie mit Ihrem Kind zum Toben an die frische Luft.
- Unterstützen Sie Ihr Kind darin, Freundschaften zu knüpfen.
- Kommunizieren Sie viel mit Ihrem Kind und Ihrem Partner.
- Malen, spielen und musizieren Sie gemeinsam.
- Manchen Kindern helfen Haustiere, für die sie Verantwortung übernehmen und die sie lieb haben können.
- Bauen Sie eine Kuschelhöhle, in die sich das Kind nach Bedarf zurückziehen kann: eine große Kiste, ein Kinderhaus oder ein Zelt. Hier gilt: „Zutritt für Erwachsene verboten."
- Wer richtig wütend ist, darf auf ein Kissen hauen, mit Mama oder Papa den Ärger in einem Ritual verbrennen, im Wald herumschreien oder den Ärger einem Tierchen in einer Schachtel, ähnlich dem „Angstkrokodil", geben.

Wutanfälle als Taktik

Sarah ist zwei Jahre alt und freut sich immer, wenn ihre Mutter mit ihrer besten Freundin telefoniert. Die Gespräche sind der Mama nämlich so wichtig, dass sie dabei kein quengelndes Kleinkind gebrauchen kann. Irgendwann machte Sarah die Erfahrung, dass ihre Forderungen rasch erfüllt werden, wenn ihre Mutter telefoniert. Je lauter sie schreit und je heftiger sie tobt, desto schneller erfüllt die Mama dann ihre Wünsche. Normalerweise bekommt Sarah sehr wenig Süßes. Während der Telefonate genügt ein Wutanfall, um Gummibärchen in großen Mengen zugesteckt zu bekommen. Dann sind alle zufrieden: Sarah nascht die Süßigkeiten, und ihre Mutter hat endlich Ruhe, um mit ihrer Freundin zu telefonieren. Obwohl Sarah erst zwei Jahre alt ist, hat sie den wunden Punkt ihrer Mutter schnell erkannt. Sie weiß, dass der Mutter die Telefongespräche wichtig sind. Auch wenn sie sonst in der Erziehung konsequent ist und Süßigkeiten rationiert, wird sie immer schwach, wenn Sarah während des Telefonierens wütet und nach Süßem brüllt. Sarah hat ihre Mutter durchschaut und nutzt das aus.

Solange Sie Ihrem Kind nachgeben, wenn es in einer für Sie heiklen Situation einen Wutanfall bekommt, wird sich nichts ändern. Sie müssen sich anders verhalten. Erklären Sie Ihrem Kind z. B. vor dem nächsten Telefonat: „Du bekommst heute deine übliche Ration Süßigkeiten, aber nicht mehr. Selbst wenn du wütest und schreist, während ich telefoniere, gebe ich dir nichts. Wenn ich telefoniert habe, lese ich dir eine Geschichte vor. In der Zwischenzeit spielst du allein." Legen Sie Ihrem Kind für den Anfang attraktive Spielsachen hin, damit es abgelenkt ist, wie z. B. ein paar Rollen Knete, bunte Stifte oder ein neues Spiel. Stellen Sie sich darauf ein, dass es trotzdem versuchen wird, seine Wünsche durchzusetzen, und sich möglicherweise extrem in die Wut hineinsteigert. Aller Anfang ist schwer, aber bleiben Sie jetzt unbedingt konsequent. Mit der Zeit wird Ihr Kind merken, dass es durch seine Wutanfälle nichts (mehr) erreicht, und wird sie unterlassen.

Gründe für Trotz und Aggression

Jeder Wutanfall hat einen Auslöser, z. B. ein Papierschiffchen, das sich mit Wasser vollsaugt und untergeht. Aber die wirklichen Gründe liegen tiefer. Wutanfälle sind zwar normal, doch es gibt bestimmte Lebensumstände, die schwierig für ein Kind sind. Wenn beispielsweise ein neues Baby kommt oder ein Elternteil arbeitslos geworden ist, können sich Wutanfälle häufen.

Wumm, der Wut-Drache

Basteln Sie mit Ihrem Kind einen Wut-Drachen. Hierzu brauchen Sie einen alten Kniestrumpf (am besten in Grün), dünne Pappe, Bastelfilz in Orange, Rot und Grün, Wollreste, zwei kleine Knöpfe, zwei kleine Perlen, Biegeplüschdraht, Alleskleber sowie Nadel und Faden.

Schneiden Sie den Kniestrumpf vorn entlang der Spitze auf. Hier entsteht das Drachenmaul. Anschließend schneiden Sie aus der Pappe zwei Halbkreise aus, die sie zur Verstärkung in das „Maulinnere" legen. Kleben Sie den orangenen Filz auf beide Pappteile. Stülpen Sie den Strumpf um und kleben Sie am „Maulrand" die beiden Pappteile oben und unten fest. Danach schneiden Sie aus dem roten Filz eine gespaltene Zunge aus, die Sie in das Maul kleben. Aus dem grünen Filz können Sie Ohren ausschneiden und oben am Kopf befestigen. Als Nasenlöcher nähen Sie die zwei kleinen Knöpfe an, als Augen zwei Perlen. Für die Mähne können Sie die Wollreste hinter dem Kopf des Drachens mit Nadel und Faden anbringen. Zwei furchterregende Hörner lassen sich aus dem bunten Biegeplüsch basteln, indem Sie zwei kurze Biegeplüschdrähte zu Spiralen formen und am Kopf annähen.

Wenn der Drache fertig ist, kann Ihr Kind ihn über den Arm stülpen und als Handpuppe benutzen. Von nun an kann „Wumm, der Wut-Drache" ihm dabei helfen, Wut- und Trotzanfälle zu verarbeiten. Spielen Sie nach einem Wutausbruch Ihres Kindes die Situation mit Wumm nach. Das Kind kann Wumm einen Wutanfall bekommen lassen und anschließend versuchen, evtl. mit Ihnen gemeinsam, Wumm zu beruhigen und mit ihm zu sprechen.

Eifersucht

Monatelang lag Luka, drei Jahre, seinen Eltern in den Ohren: „Ich will ein Baby!" Als er endlich ein Geschwisterchen bekommt, freut er sich riesig und geht liebevoll mit seiner kleinen Schwester um. Doch irgendwann merkt er, dass er noch sehr lange warten muss, bis er richtig mit ihr spielen kann. Er verliert das Interesse. Außerdem stört ihn, dass sich alles nur um das Baby dreht.
Mehr und mehr bekommt er das Gefühl, dass das Baby ihm seine Eltern wegnimmt. Seine Forderung, den Säugling wieder zurückzugeben, stößt auf taube Ohren. Luka bekommt in letzter Zeit immer heftigere Wutanfälle. Dann hat er das Gefühl, dass ihn seine Eltern zumindest für einen Augenblick wieder beachten. Luka ist eifersüchtig auf die kleine Schwester. Er merkt, dass er die Liebe und Aufmerksamkeit von Mama und Papa mit ihr teilen muss, und fühlt sich entthront. Außerdem hat er ein Problem damit, dass sich scheinbar alle nur für das Baby interessieren. Die Besucher stürzen als Erstes auf den Stubenwagen. Und bei den Mitbringseln geht Luka meistens leer aus.

Kommt ein neues Geschwisterchen, ist dies immer schwierig für Kinder. Zwar wünschen sich viele im Vorfeld ein Baby, aber sie sind noch nicht in der Lage, einzuschätzen, was das bedeutet. Sie wissen nicht, dass die Mutter sich am Anfang praktisch rund um die Uhr um das Baby kümmern muss, und fühlen sich deshalb manchmal zu Recht allein gelassen. In dieser Lage entdecken viele Kinder die Wirksamkeit von Wutanfällen. Die Eltern haben oft ein schlechtes Gewissen dem größeren Kind gegenüber. Wenn es tobt, erreicht es häufig sein Ziel. Einen gewissen Grad an Eifersucht werden Sie nicht vermeiden können. Aber mit den nachfolgenden Tipps wird sich der Neid auf das Baby in Grenzen halten:

- Beziehen Sie Ihr Kind so früh wie möglich in die Schwangerschaft mit ein. Nehmen Sie es mit zur Ultraschalluntersuchung, lesen Sie gemeinsam entsprechende Bücher, lassen Sie Ihr Kind ein Kuscheltier aussuchen, richten Sie gemeinsam das Babyzimmer ein, und lassen Sie das Kind seine Hand auf Ihren Bauch legen.
- Nehmen Sie sich Zeit für ausführliche Gespräche. Erklären Sie, dass das Baby am Anfang viel Aufmerksamkeit braucht, weil es hilflos ist, aber dass Sie Ihr großes Kind noch genauso lieben wie vorher.

- Räumen Sie Ihrem großen Kind Extrazeit ein, z. B., wenn der Säugling schläft oder ein guter Bekannter Zeit zum Babysitten hat. Machen Sie schöne Unternehmungen mit ihm: Kino- oder Zoobesuch, Eis essen, Schlittschuh fahren, Kuchen backen.
- Nicht jeder Besucher denkt daran, auch dem größeren Kind etwas mitzubringen. Halten Sie für solche Fälle einen Vorrat an kleinen Spielsachen bereit, damit Ihr Kind sich nicht zurückgesetzt fühlt.
- Beziehen Sie Ihr Kind in die Babypflege mit ein. Lassen Sie es Windeln holen, Söckchen ausziehen und beim Baden helfen.
- Vielleicht kann Ihr großes Kind am Anfang beim Vater im Bett schlafen, wenn Sie als Mutter wegen des Stillens nachts das Baby bei sich haben.

Mangelnde Aufmerksamkeit

Wenn einem Kind nicht die nötige Aufmerksamkeit geschenkt wird, sorgt es oft selbst dafür, dass es beachtet wird. Manchmal sind heftige Wutanfälle nötig, damit die Eltern sich wieder daran erinnern, sich ihrem Kind zuzuwenden.
Das ist zwar nicht die erwünschte Aufmerksamkeit, aber doch besser als gar keine.
Viele Kinder, die sich zu wenig beachtet fühlen, setzen Wutanfälle gezielt ein. Die Gründe, warum Eltern ihrem Kind vorübergehend weniger Aufmerksamkeit schenken können als sonst, sind vielfältig. Manchmal stecken sie in einer Krise und sind so sehr mit den eigenen Problemen beschäftigt, dass sie sich nicht genug um ihr Kind kümmern können.
Das ist z. B. dann der Fall, wenn ein Elternteil von Arbeitslosigkeit bedroht

ist. Meistens spürt ein Kind ganz genau, dass etwas nicht in Ordnung ist. Wenn die Eltern aber nicht darüber reden, bleibt dieses ungewisse Gefühl und die vage Ahnung, dass etwas nicht stimmt. Der scheinbar einzige Ausweg aus dem Dilemma sind Trotzanfälle. Viele Eltern behalten Krisen lieber für sich, weil sie das Kind nicht überfordern wollen. Doch schon kleine Kinder sind in der Lage, zu verstehen, wenn es Probleme gibt. Bitte erzählen Sie Ihrem Kind in kindgerechter Sprache, warum es Ihnen im Moment nicht gut geht. Beantworten Sie alle Fragen. Erklären Sie, dass Sie wieder einen freien Kopf haben, wenn die Krise vorüber ist. Und räumen Sie Ihrem Kind jeden Tag gezielt Zeit ein, auch wenn es Ihnen schwerfällt, sich auf das Kind einzulassen. Eine andere Form der mangelnden Aufmerksamkeit kann z. B. eintreten, wenn die Mutter oder der Vater in Elternzeit ist. Dann ist ein Elternteil zwar immer mit dem Kind zusammen, doch häufig erledigt er den Haushalt nebenher, das bedeutet, er putzt, wäscht und kocht, während das Kind spielt bzw. um Aufmerksamkeit buhlt. Ein Kind braucht jedoch eine bestimmte Zeit am Tag, in der die Eltern nur für den Schützling da sind. Erledigen Sie Aufgaben im Haushalt, während das Kind allein spielt oder sich ein Buch anschaut. Wenn Sie damit fertig sind, spielen Sie mit ihm, ohne durch etwas anderes abgelenkt zu sein. Dann werden die Wutanfälle bald nachlassen. Grundsätzlich gilt: Körperkontakt, Lob und Verständnis tun allen Kindern gut und denen, die unter mangelnder Aufmerksamkeit leiden, besonders.

Überforderung

Wenn ein Kind immer wieder Misserfolge einstecken muss, kann das nicht nur Angst vor weiteren Tiefschlägen hervorrufen (s. S. 34), sondern auch zu einem vermehrten Auftreten von Wutanfällen führen. Will z. B. ein Vater seinem fünfjährigen Sohn Lesen und Schreiben beibringen und reagiert er jedes Mal gereizt, wenn ein Buchstabe falsch ist, erlebt das Kind Misserfolge durch Überforderung. Das Kind ist unsicher und wird wütend, weil es den Anforderungen, die an es gestellt werden, nicht gerecht werden kann. Bei einem heftigen Wutanfall kann es dann seinen Frust loswerden. Sie sollten aber immer versuchen, Wutanfälle, die durch Überforderung hervorgerufen werden, zu reduzieren:

- Seien Sie selbst nicht zu perfektionistisch, und verlangen Sie das auch nicht von Ihrem Kind.

- Zwingen Sie Ihrem Kind keine schulischen Lerninhalte auf, bevor es eingeschult ist.
- Nähern Sie sich Themen, für die sich Ihr Kind interessiert, spielerisch an.
- Hinterfragen Sie, ob Sie sich vielleicht unterbewusst wünschen, dass Ihr Kind Träume verwirklicht, die Sie selbst nicht umsetzten. Nicht immer ist ein mit einem Wutanfall gepaarter Ausruf „Das kann ich nicht!“ jedoch ernst zu nehmen. Manchmal behaupten Kinder, etwas nicht zu können, weil sie keine Lust dazu haben. Finden Sie heraus, was zutrifft. Wenn das Kind „Ich kann nicht mehr gehen“ schreit und getragen werden will, aber auf Ihren Vorschlag, dann gemeinsam zu rennen, bereitwillig eingeht, hatte es einfach keine Lust mehr auf einen Spaziergang.

Reizüberflutung

Der Computer brummt, der Fernseher läuft, die Playstation liegt für den nächsten Einsatz bereit. Viele Kinder haben fast so viele Medien in Gebrauch wie ihre Eltern. Manche Erwachsene wollen ihren Kindern die Medien nicht verwehren, weil sie der Meinung sind, dass sie zum Alltag dazugehören.
Doch ein Fünfjähriger braucht noch kein Handy, eine Dreijährige keinen Kindercomputer und ein Sechsjähriger keinen eigenen Fernseher. Besonders kleine Kinder sind von elektronischen Medien schnell überfordert. Dass ein hoher Fernsehkonsum zu Nervosität sowie Übergewicht durch Bewegungsmangel führen kann, wissen die meisten.
Aber Fernsehen hat auch weitere negative Auswirkungen, die Eltern nicht immer bedenken. Kinder können die schnell bewegten Bilder noch nicht richtig einordnen. Zappen bewirkt, dass ständig neue Reize auf Kinder wirken. Selbst Tierdokumentationen, die Eltern als harmlos einstufen, können kleine Kinder überfordern. Sie verstehen nicht, warum ein Löwe das Giraffenkind tötet, und sind danach tief betroffen. Sie können auch Kameraeinstellungen und Perspektiven noch nicht richtig einschätzen und begreifen deshalb nicht,

INFO

Wie lange darf ein Kind fernsehen?

- **Kinder unter drei Jahren sollten überhaupt nicht fernsehen.**
- **Kinder zwischen drei und sechs Jahren sollten allerhöchstens zweimal am Tag 30 Minuten fernsehen.**
- **Im Kinderzimmer sollte kein Fernseher stehen.**

warum z. B. Läuse plötzlich im Fernsehen viel riesiger als Elefanten aussehen. Wenn ein Kind mit ständig neuen Reizen konfrontiert ist, wird es unausgeglichen und hat möglicherweise eine verstärkte Tendenz zu Wutausbrüchen. Da im Alter zwischen drei und sechs Jahren der Fernseher die wichtigste Rolle im Medienkonsum spielt, sollten Eltern selbst möglichst wenig fernsehen.

Am besten, Sie verbannen den Fernseher aus dem Wohnzimmer. Dann ist Platz für Neues, z. B. für Gespräche, Gesellschaftsspiele und für das gemeinsame Singen von Liedern. Kinder sind eine beliebte Zielgruppe der Werbebranche, und in Kinderkanälen werden oft schon kleine Kinder aggressiv umworben. Dies ist ein Grund, warum die meisten Kinder viel zu viele Spielsachen haben. Doch auch viel Spielzeug bewirkt eine Reizüberflutung der Kinder und richtet häufig mehr Schaden als Nutzen an, denn oft wissen sie gar nicht, womit sie zuerst spielen sollen.

Unzufriedenheit und Frustration

Nach der Frustrations-Aggressions-Theorie (s. S. 55) entsteht aggressives Verhalten durch Unzufriedenheit und damit verbundene Frustrationen. Dieser Frust kann sich in Wutanfällen entladen. Die Auslöser für Frust sind unterschiedlich. Nicht selten löst das Gefühl, ungerecht behandelt worden zu sein, bei Kindern Frust aus und macht auch Mädchen und Jungen, die sonst selten wütend werden, richtig sauer. Wenn der Auslöser bei Ihnen liegt, können Sie etwas dagegen unternehmen. Entschuldigen Sie sich z. B. bei Ihrem Kind, wenn Sie es ungerecht behandelt haben, und schlagen Sie etwas zur Wiedergutmachung vor. Schwieriger ist es, wenn Ihr Kind von anderen Personen ungerecht behandelt wurde. Das kann der Fall sein, wenn der Opa mit einem seiner Enkelkinder auf

TIPP

Weniger Spielzeug ist mehr

Investieren Sie lieber in wenige, sinnvolle Spielsachen, die ergänzt werden können und es dem Kind ermöglichen, kreativ zu sein, z. B. eine Holzeisenbahn oder Kunststoffbausteine. Räumen Sie einen Teil der Spielwaren für einen bestimmten Zeitraum weg, bevor Sie sie dem Kind wiedergeben. Schenken Sie zu Weihnachten oder Geburtstagen Dinge, mit denen sich Ihr Kind im Freien bewegen kann und die Spaß machen, z. B. Laufrad, Roller oder Rollschuhe.

den Jahrmarkt geht, mit dem anderen aber nicht. Zeigen Sie Ihrem Kind gegenüber Verständnis, wenn es unfair behandelt wurde, und bringen Sie ihm frühzeitig bei, sich verbal zu wehren. Möglicherweise sollten Sie sich als Vermittler einschalten, damit dieses Problem aus dem Weg geräumt wird.

Typische Situationen für Wutanfälle

Es gibt bestimmte Umstände, die geradezu für Wutanfälle prädestiniert sind. Besonders beliebt sind die Supermarktschlange, das Familienessen oder der Trotzanfall beim Aufräumen.

Beim Aufräumen

Kleine Kinder verstehen den Sinn des Aufräumens meist noch nicht und reagieren entsprechend, wenn die Eltern freundlich sagen: „Komm, lass uns deine Spielsachen aufräumen." Nicht selten wird dieser Vorschlag mit einem Wutanfall quittiert. Weil meistens abends aufgeräumt wird, sind die Kinder sowieso schon müde und deshalb reizbarer. Außerdem haben sie Angst, dass beim Aufräumen ihre Kunst- und Bauwerke zerstört werden, die sie am Tag errichtet haben. Ältere Kinder kennen das Aufräumen zwar vom Kindergarten, das

bedeutet aber noch lange nicht, dass sie auch zu Hause freiwillig aufräumen. Erklären Sie Ihrem Kind, warum Aufräumen sinnvoll ist. Sagen Sie ihm, dass jedes Ding seinen festen Platz braucht und dass es den kleinen Spielzeugtraktor nicht unter einem Berg von Bausteinen finden wird, sondern in der Kiste mit den Spielzeugautos. Erklären Sie, dass Sie nachts im Dunkeln nicht auf ein Spielzeugauto treten und wegrutschen möchten. Machen Sie es dabei Ihrem Kind so einfach wie möglich, Ordnung zu halten: Bringen Sie Garderobenhaken an, die Ihr Schützling problemlos erreicht. Besorgen Sie große Körbe oder Kisten, die Ihr Kind leicht öffnen kann, um die Spielsachen zu verstauen. Markieren Sie die Kisten mit einem Symbol, z. B. einem Auto oder Bauklötzen, damit Ihr Kind weiß, welche Spielsachen in welche Kiste gehören. Sie können sich dem Aufräumen auch spielerisch annähern: Singen Sie ein Lied (z. B. „1, 2, 3 – das Spielen ist vorbei. 4, 5, 6 – und aufgeräumt wird jetzt"), und machen Sie ein Spiel aus dem Aufräumen: „Mal sehen, wer von uns beiden schneller aufräumt: du die Bauklötze und ich die Stofftiere." Geschwister können Sie auch „gegeneinander antreten" lassen. Mit kleineren Kindern sollten Sie aber immer gemeinsam aufräumen. Lassen Sie Bauwerke, Puppenlandschaften etc. ein paar Tage lang stehen. Damit das Chaos überschaubar bleibt, sollten Sie Ihr Kind zur gleichen Zeit nur mit einem Spielzeug spielen lassen: „Wenn du jetzt mit den Puppen spielen willst, räumen wir vorher die Musikinstrumente weg." Sie sollten auch regelmäßig das Spielzeug aussortieren und kaputte Spielsachen oder Spielwaren, die nicht mehr altersgemäß sind und an denen Ihr Kind nicht hängt oder mit denen es nicht spielt, entsorgen.

Und nicht zuletzt ist es wichtig, dass Sie selbst ein gutes Vorbild sind und auch Ihre eigenen Dinge in Ordnung halten.

Beim Essen

Der dreijährige Nils sitzt mit seinen Eltern beim Abendessen. Er ist schon müde und quengelig. Als ihm seine Mama die Wurst in Stücke schneidet, bekommt er einen Wutanfall: Er wollte von der Wurst abbeißen. Er tobt auf seinem Stühlchen und schleudert den Teller mit den Wurststücken auf den Boden. Bevor seine Eltern reagieren können, nimmt er sein Glas, kippt die Apfelschorle über die Wurststückchen und tobt weiter. Für die Eltern ist das Essen gelaufen. Die Mutter nimmt den Wüterich auf den Schoß und beruhigt ihn, der Vater hebt die Reste des Essens auf und putzt den Boden. Als die Mutter Nils ihre noch ganze Wurst geben möchte, bekommt er den zweiten Wutanfall: „Kalt!", brüllt er und schmeißt das Essen wieder auf den Boden. Für viele Familien ist das Abendessen die einzige gemeinsame Mahlzeit des Tages. Entsprechend hoch sind die Erwartungen der Eltern, dass es dabei friedlich zugeht. Kinder spüren das ganz genau. Versuchen Sie deshalb, Ihre Ansprüche herunterzuschrauben. Das gemeinsame

Essen ist ohnehin oft nervenaufreibend genug: Kinder werfen Erbsen in ihre Milch und formen Kügelchen aus Brot. Sie sind zappelig, wollen spielen, aufstehen oder auf den Schoß und mäkeln am Essen herum. Folgende Tipps helfen, die gemeinsamen Mahlzeiten entspannt zu gestalten:

- Genießen Sie mit Ihrem Partner hin und wieder ein Abendessen ohne Kind. Wenn es gegessen hat und schläft, kochen Sie etwas Feines und genießen ein entspanntes Essen mit Wein statt Früchtetee und guten Gesprächen statt Gequengel.
- Essen Sie nicht kurz vor dem Schlafengehen, sonst ist das Kind zu müde und neigt eher zu Wutausbrüchen.
- Sorgen Sie für schönes Geschirr, und singen Sie ein Lied vor dem Essen.
- Zwingen Sie Ihr Kind nicht zum Essen, wenn es nicht mag, aber verlangen Sie, dass es alles probiert.
- Beziehen Sie die Kinder in die Essensplanung mit ein.
- Kochen Sie keine Extrawürste. Wer etwas nicht mag, bekommt ein belegtes Brot.
- Kinder lieben es, beim Kochen zu helfen. Wenn sie z. B. den Salat waschen dürfen, sind sie stolz und mögen das Essen viel lieber.
- Sagen Sie Ihrem Kind vor dem Essen, was Sie erwarten, z. B.: „Ich möchte nicht, dass du mit dem Essen spielst, weil Essen kein Spielzeug ist“, und welche Konsequenzen eintreten, wenn es sich nicht daran hält: „Wenn du wieder in der Wut deinen Teller hinunterschleuderst, gibt es keinen Nachtisch.“ Bleiben Sie konsequent.
- Machen Sie nicht viel Aufhebens darum, wenn Ihr Kind z. B. den Teller wütend auf den Boden wirft, sonst verstärken Sie die Wutanfälle. Heben Sie das Geschirr auf, und sagen Sie Ihrem Kind ruhig, welche Konsequenzen nun eintreten.
- Nehmen Sie den Teller weg, wenn das Kind mit dem Essen spielt, und begründen Sie, warum Sie das tun.
- Lassen Sie sich nicht von Geschwistern provozieren. Wenn es Probleme gibt, sollten die Kinder nicht nebeneinander sitzen.

In der Öffentlichkeit

Wenn Kinder etwas erreichen wollen, toben sie bevorzugt vor Publikum. Sie wissen, dass ihnen die Aufmerksamkeit der Eltern und Zuschauer sicher ist und dass es immer jemanden gibt, der auf ihrer Seite ist und eine andere Meinung als die Eltern vertritt. Dabei spielt es keine Rolle, ob der Wutanfall im Park, im Bus, auf dem Spielplatz oder im Treppenhaus ausbricht.

Bei Trotzanfällen in der Öffentlichkeit sind Konflikte garantiert: Jetzt steht nicht nur die Meinung eines Elternteils gegen die des Kindes, sondern häufig ergreift eine dritte Person Partei - nicht selten für das Kind. Leider haben Eltern beim Toben vor Publikum von Anfang an schlechte Karten. Sie können machen, was sie wollen, der Schwarze Peter ist ihnen sicher: Geben sie dem Wutanfall ihres Kindes nach und lassen sie ihm seinen Willen, werden sie nicht selten ein Kopfschütteln ernten und Sätze zu hören bekommen wie: „Na, die lassen ja alles durchgehen! Die Kinder tanzen denen auf der Nase herum." Bleiben sie konsequent, heißt es möglicherweise: „Die armen Kinder, die sind wirklich sehr zu bedauern bei so strengen Eltern." Einfach ist es also nicht, sich richtig zu verhalten, wenn das Kind in der Öffentlichkeit tobt. Aber es ist auch nicht unmöglich!

INFO

Erste Hilfe beim Wutanfall im Supermarkt

- Nicht verunsichern lassen: Auch wenn andere Erwachsene sich einmischen, sollten Sie sich nicht nervös machen lassen.
- Ruhig bleiben: Erinnern Sie Ihr Kind an die versprochene Belohnung, und reden Sie beruhigend und leise auf es ein.
- Nicht verhandeln: Lassen Sie sich auf keine Diskussionen ein.
- Konsequent sein: Bleiben Sie hart, auch wenn Ihr Kind schreit und tobt. Wenn Sie Ihrem Kind den Riegel kaufen, bestärken Sie die Wutanfälle.
- Ablenken: Fahren Sie, wie gewohnt, mit dem Einkauf fort, und lenken Sie Ihr Kind ab, bis es sich beruhigt hat: „Die Eier legen wir ganz oben in den Einkaufskorb, damit sie nicht zerdrückt werden."
- Reden: Sprechen Sie noch einmal mit Ihrem Kind über den Wutanfall, wenn sich die Wogen geglättet haben.

- Schwierig, aber machbar: Lassen Sie sich von den anderen nicht beeinflussen, egal, wie garstig deren Kommentare sind.
- Weisen Sie die Zuschauer in ihre Schranken, ohne dies zu begründen. Sagen Sie: „Bitte halten Sie sich da raus!"
- Bleiben Sie ruhig, und sprechen Sie in normaler Lautstärke.
- Schenken Sie dem kleinen Wüterich so wenig Aufmerksamkeit wie nur irgend möglich.
- Unterlassen Sie inhaltliche Diskussionen vor anderen. Reden Sie zu Hause über den Vorfall.
- Versuchen Sie, an die Vernunft des Kindes zu appellieren: „Du bist doch schon ein Großer, jetzt benimm dich auch mal so!"

Vor Verwandten und Freunden

Die kinderlose Tante Elke besucht ihren vierjährigen Neffen Dennis. Als Dennis alle Marzipankarotten von der Torte wegnehmen und essen möchte, weist die Mutter ihn in seine Schranken. Er bekommt einen Tobsuchtsanfall. „Sei doch nicht so streng mit ihm, ich mache mir sowieso nichts aus Marzipan", sagt die Tante und lässt ihn gewähren. Auch nach dem Kaffeetrinken nimmt sie ihn ständig in Schutz, steckt ihm eine Familienpackung Schokolinsen zu und guckt mit ihm Kinderfernsehen. Abends ist Dennis aufgedreht und streitet mit seiner Mama. Als er mit „Dann gehe ich zu Tante Elke" droht, ist es mit der Fassung seiner Mutter aus. Sie ist wütend auf ihre Schwester und will sie so schnell nicht wieder einladen.

Für Eltern ist es nicht leicht, wenn sich Omas, Opas, Tanten und Onkel in die Erziehung einmischen. Die Mädchen und Jungen merken genau, worum es geht, und versuchen, mit zusätzlichen Schmeicheleien die ihnen zugewandten Personen noch mehr für sich zu gewinnen. Seien Sie nicht traurig, wenn Ihr Kind in einer solchen Situation sagt, dass es z. B. zur Tante gehen möchte. Kinder meinen solche Sätze nicht so ernst, und das sollten Sie deshalb auch nicht tun.

Ähnlich wie bei Wutanfällen in der Öffentlichkeit haben Sie beim Toben vor Verwandten oder Freunden von Anfang an schlechte Karten, weil Sie etwas verbieten müssen, das andere oft erlauben würden. Das letzte Wort in der Erziehung haben aber immer noch Sie. Machen Sie deshalb Ihrer Familie und Ihren Freunden klar, dass sie sich nicht vor Ihrem Kind gegen Sie stellen sollten.

- Reden Sie vor einem Besuch mit den entsprechenden Personen. Bitten Sie sie, Ihr Kind nicht zu sehr zu verwöhnen und Wutanfällen wenig Aufmerksamkeit zu schenken.
- Reden Sie auch mit dem Kind, und erklären Sie noch einmal die Regeln, z. B.: „Du weißt, dass du vor dem Abendessen nichts Süßes essen darfst, weil du sonst keinen Appetit mehr hast. Das gilt auch, wenn nachher Oma Rosemarie kommt."
- Folgende Regel hat sich bewährt: Wenn das Kind z. B. allein zu Besuch bei der Oma ist, gelten Omas Regeln. Wenn Sie mit dabei sind und wenn die Oma Sie besucht, gelten Ihre Erziehungsgrundsätze.
- Reden Sie mit dem Kind über den Wutanfall, wenn der Besuch weg ist.
- Bleiben Sie konsequent.
- Erwarten Sie von einem kleinen Kind nicht, dass es still beim Kaffeetisch sitzt. Beziehen Sie Ihr Kind von Anfang an mit ins Gespräch ein, und schenken Sie ihm die Aufmerksamkeit, die es verdient.

Erste Hilfe bei Wutanfällen

Da steht ein kleines Kind, das nur noch aus Wut zu bestehen scheint: Die Fäustchen geballt, der Kopf rot, es stampft und tobt, um seinen Willen durchzusetzen. Nun liegt es an den Eltern, sich angemessen zu verhalten.

Keep cool

Wenn ein Kind von seinen Gefühlen überrollt wird und so außer sich ist, dass es nicht ansprechbar ist, braucht es dringend jemanden, der einen kühlen Kopf bewahrt. Sie wirken wenig glaubhaft, wenn Sie Ihrem Kind versichern, dass Wutanfälle zu nichts führen, und beim nächsten Aggressionsanfall selbst wütend werden.

Wenn Sie mit eigenem Geschrei auf ein tobendes Kind reagieren, wird es umso lauter weiterbrüllen, weil es versuchen wird, Sie zu übertönen. Am Ende steigern Sie sich beide in den Streit hinein und brauchen lange, bis Sie sich wieder beruhigt haben. Die Aufregung lohnt sich nicht und kann sogar auf Dauer gesundheitlichen Schaden anrichten. Wenn Sie aber ruhig bleiben, merkt Ihr Kind, dass es mit einem Wutanfall wenig erreicht, und wird sich das nächste Mal zurückhalten. Mit folgenden Tipps bleiben Sie bei Wutanfällen Ihres Kindes die Ruhe in Person:

- Nehmen Sie Körperkontakt mit Ihrem Kind auf: Umarmen Sie es, und halten Sie es fest. Es spürt Sicherheit, Ruhe und Geborgenheit, die ihm dabei helfen, sich wieder zu beruhigen.
- Reden Sie mit Ihrem Kind, ohne zunächst auf die Thematik einzugehen: „Ich kann verstehen, dass dich das ärgert. Aber jetzt beruhigst du dich erst einmal wieder."
- Sprechen Sie leise: Wenn beide brüllen, ist kaum mehr etwas zu verstehen. Reden Sie aber leise, wird auch das Kind i. d. R. ruhiger, weil es hören möchte, was Sie sagen.
- Wenn Sie sich einmal sehr ärgern, zählen Sie bis zehn, ehe Sie auf das Kind reagieren. Sie handeln dann weniger impulsiv.

INFO

Verständnis zeigen

Begegnen Sie einem wütenden Kind mit Verständnis. Sagen Sie: „Ich kann verstehen, dass du noch nicht nach Hause möchtest." Damit erreichen Sie viel mehr, als wenn Sie brüllen: „Hör endlich auf, zu nerven, du weißt doch, dass wir jetzt gehen müssen!" Wenn Sie Verständnis zeigen, fühlt sich Ihr Kind ernst genommen. Es hat das Gefühl, dass seine Bedürfnisse beachtet werden, auch wenn sie nicht immer erfüllt werden. Wann immer es möglich ist, sollten Sie Kompromisse anstreben, z. B.: „Du baust jetzt noch die Sandburg zu Ende, und dann gehen wir nach Hause und essen mit Papa zu Abend."

Wenn Sie selbst für Entspannung sorgen, können Sie auch gelassener mit den Wutanfällen Ihres Kindes umgehen. Lassen Sie sich massieren, hören Sie gute Musik, naschen Sie Ihre Lieblingspralinen, lesen Sie ein spannendes Buch, oder gehen Sie in die Badewanne. Jeder Elternteil hat das Recht auf eine Auszeit. Eine halbe Stunde täglich sollte möglich sein.

Sachlich bleiben

So wütend Ihr Kind auch ist, es hat eine angemessene Behandlung verdient. Dazu gehört, dass Sie mit Ihrer Tochter oder Ihrem Sohn sachlich umgehen sollten. Reagieren Sie auf den Trotzanfall Ihres Kindes, aber bauschen Sie ihn nicht unnötig auf. Je mehr Sie daraus eine Katastrophe machen, desto mehr Aufmerksamkeit bekommt das Kind. Wenn Sie einen Trotzanfall überbewerten, wird Ihr Kind auch das nächste Mal wieder versuchen, mit Toben seinen Willen durchzusetzen. Wenn Ihr Kind z. B. einen Wutanfall bekommt, nachdem Sie ihm ein weiteres Stück Schokolade verweigert haben, und brüllt: „Du bist böse! Nie gibst du mir Schokolade!", können Sie ruhig antworten: „Ich bin traurig, weil du sagst, dass ich böse bin. Das stimmt nicht. Heute hast du schon genügend Süßigkeiten bekommen. Zu viel Süßes ist schlecht für die Zähne. Morgen darfst du wieder naschen." Seien Sie dabei ein gutes Vorbild, und reden Sie in Ich-Botschaften. Vermeiden Sie Wörter wie „immer" und „nie", und gehen Sie auf ungerechtfertigte Vorwürfe vonseiten des Kindes nicht ein. Kindern helfen klare Worte und kurze, verständliche Begründungen.

Konsequent bleiben

Eine konsequente Erziehung mit einem festen Rahmen ist wichtig für Ihr Kind, weil es Regeln braucht, an denen es sich orientieren kann. Deshalb sollten Sie im Normalfall nicht nachgeben, wenn Ihr Kind durch einen Wutanfall versucht,

INFO

Warum sollten Eltern konsequent sein?

- Ein klarer Rahmen erläutert die Spielregeln des Zusammenlebens.
- Ihr Kind bekommt durch konsequentes Verhalten Sicherheit vermittelt.
- Das Kind muss nicht ständig austesten, was erlaubt ist und was nicht.
- Eine konsequente Erziehung kann Wutanfälle reduzieren, weil Kinder wissen, wo die Grenzen sind.

etwas zu erreichen. Wenn Sie nachgeben, verstärken Sie das Verhalten nur. Sie sollten z. B. nicht nachgeben, wenn Ihr Kind beim Einkaufen an der „Quengelzone" der Supermarktkasse einen Schokoriegel fordert, sonst müssen Sie immer einen kaufen. Auf Tränen oder Wutanfälle vor dem Kindergarten sollten Sie einfühlsam eingehen und Verständnis zeigen, aber das Kind nicht wieder mit nach Hause nehmen, sonst wird es immer wieder versuchen, mit Wutanfällen sein Verhalten durchzusetzen. Falls Sie bislang nicht so konsequent in der Erziehung waren, ist es noch nicht zu spät, die Richtung zu wechseln. Erklären Sie Ihrem Kind, warum Sie keine Ausnahmen mehr dulden und dass es mit seinen Wutanfällen keinen Erfolg mehr haben wird. Anfangs wird Ihr Kind erstaunt oder irritiert reagieren, aber normalerweise gewöhnen sich die Kleinen relativ schnell an neue Regeln und kommen damit besser zurecht als mit dem vorherigen Hin und Her. Es gibt allerdings auch Situationen, in denen Sie nicht um jeden Preis auf Konsequenz beharren sollten. Das kann an einem Tag sein, an dem schon viel schiefgegangen ist, Sie wenig geschlafen haben, unter Zahnschmerzen leiden und die Nerven einfach blank liegen. Dann kann es für Sie besser sein, nachzugeben, statt sich in Ihrer ohnehin angespannten Lage noch mit einem wütenden Kind auseinandersetzen zu müssen. Wenn Kinder die Regeln kennen, sind gelegentliche Ausnahmen erlaubt, ohne dass die Glaubwürdigkeit der Eltern infrage gestellt wird. Wie viel Konsequenz angebracht ist, hängt vom Einzelfall ab. Wenn Sie z. B. auf dem Spielplatz sagen: „Du darfst noch dreimal rutschen, bevor wir heimgehen" und das Kind dann noch vier Mal rutschen darf, sieht Ihr Kind, dass Sie flexibel sind, und die Erziehung wird nicht darunter leiden.

Reden

Wenn sich nach einem Wutanfall die Wogen geglättet haben, ist es wichtig, dass Sie mit Ihrem Kind darüber reden. Am besten, Sie machen aus dem Versöhnungsgespräch ein kleines Ritual. Machen Sie es sich gemütlich, zünden Sie eine Kerze an, trinken Sie zusammen Früchtetee, oder teilen Sie sich etwas Schokolade.

Reden Sie zunächst von sich und Ihren Gefühlen. Bleiben Sie dabei sachlich, und machen Sie dem Kind keine Vorwürfe. Geben Sie Fehler zu, wenn Sie welche gemacht haben, reden Sie in Ich-Botschaften, und vermeiden Sie auch hier Wörter wie „immer“ und „nie“. Schildern Sie zunächst die Sachlage und die Konsequenzen, die sich evtl. daraus ergeben haben, und teilen Sie dann Ihre Gefühle und den Wunsch mit, wie sich Ihr Kind das nächste Mal in einer ähnlichen Situation verhalten sollte. Beispiel: „Heute früh ist es mir zunächst nicht gelungen, dich anzuziehen, weil du dich gewehrt hast. Es hat sehr lange gedauert, bis du fertig warst, und ich habe dich dabei als sehr wütend empfunden. Wir sind deshalb zu spät zum Kindergarten gekommen, und das hat mich geärgert. Ich wünsche mir, dass du dich morgen problemlos anziehen lässt.“

Folgendes sollten Sie bei dem Gespräch mit Ihrem Kind beachten:

- Halten Sie immer Blickkontakt.
- Sprechen Sie mit ruhiger Stimme.
- Machen Sie klare Aussagen.
- Verpacken Sie Aufforderungen nicht in Fragen. Sagen Sie z. B. nicht: „Willst du dir jetzt die Zähne putzen?“, sondern: „Ich möchte, dass du dir jetzt die Zähne putzt.“
- Verwenden Sie einfache und verständliche Worte.

INFO

Nonverbale Kommunikation

Die nonverbale Kommunikation ist der Teil menschlicher Kommunikation, der sich nicht auf die gesprochene Sprache bezieht. Dazu gehören u. a. die Körpersprache, wie Gestik und Mimik, z. B. erhobene Hände oder hochgezogene Augenbrauen. Die nonverbale Kommunikation hat eine höhere Glaubwürdigkeit als die verbale. Achten Sie deshalb auf die Körpersprache. Auf keinen Fall sollten Körper und gesprochene Sprache widersprüchliche Informationen aussenden. Das könnte Ihr Kind stark verunsichern und negative Folgen haben.

Zuhören

Nachdem Sie dem Kind erklärt haben, was Sie an seinem Verhalten störte und welches Verhalten Sie sich in Zukunft wünschen, darf das Kind reden. Erwarten Sie bei jüngeren Kindern nicht, dass es nach einem durchgestandenen Wutanfall aus ihnen heraussprudelt. Helfen Sie ihnen auf die Sprünge. Haken Sie nach, und fragen Sie nach ihren Empfindungen. Ältere Kinder werden eher von sich aus erzählen. Mit kleineren Kindern sollten Sie unmittelbar, wenn sich die Wogen nach einem Wutanfall geglättet haben, reden. Schenken Sie während des Gesprächs Ihrem Kind die volle Aufmerksamkeit, lassen Sie es ausreden, und erledigen Sie nichts nebenher.

Machen Sie sich von dem Anspruch frei, sofort eine ideale Lösung zu finden. Das Zuhören ist oft die halbe Miete und beruhigt Kinder und Eltern. Oft kommen von den Kindern selbst die besten Lösungsvorschläge. Ein Familienrat, der regelmäßig (z. B. einmal wöchentlich) tagt, ist eine sinnvolle Einrichtung, in der Kommunikationsregeln schon von klein auf geübt werden können. Zu einem festgelegten Termin sollten alle Familienmitglieder anwesend sein. Jeder hat die Möglichkeit, sein Anliegen vorzubringen, und das Recht darauf, dass die anderen ihm zuhören. Der Familienrat kann verhindern, dass sich Probleme innerhalb der Familie anstauen oder dass Dinge unter den Teppich gekehrt werden. Themen können z. B. Mithilfe der Kinder im Haushalt, Urlaubsplanung, Schulprobleme o. Ä. sein.

Entscheidungen begründen

Wenn Sie nach einem Wutanfall mit Ihrem Kind reden, sollten Sie die gefällten Entscheidungen begründen. Denn Ihr Kind hat ein Recht darauf, zu erfahren, warum Sie in bestimmter Weise reagieren und nicht anders. Wenn Kinder Ursachen für bestimmte Entscheidungen kennen, sind sie oft erstaunlich kooperativ, weil sie nun die Beweggründe ihrer Eltern verstehen. Sie fühlen sich ernst genommen und haben ihren Wissensdurst gestillt. Verlieren Sie sich dabei aber nicht in langen Erklärungen. Sie überfordern das Kind damit, und es schaltet schnell auf Durchzug. Wenn Ihr Kind also z. B. fragt, warum es vor dem Essen nichts Süßes naschen darf, sollten Sie nicht sagen: „Ich will nicht, dass du vor dem Mittagessen Süßigkeiten isst. Süßes ist schlecht für die Zähne und macht dick. Außerdem hast du nachher wahrscheinlich keinen Appetit mehr, wenn du jetzt Gummibärchen isst. Und

heute gibt es Spaghetti mit Tomatensoße. Das magst du doch so gerne. Ich wäre traurig, wenn du das wegen der Süßigkeiten nicht essen würdest. Nach dem Essen darfst du aber ein paar Gummibärchen haben." Stattdessen genügt ein schlichtes „Wenn du Süßes isst, hast du keinen Hunger mehr."

Ablenken

Manchmal haben Kinder sich so in Rage geschrien, dass es lange dauert, bis sie sich wieder beruhigt haben. Sie sind in ihren Emotionen gefangen, oft völlig außer sich, rot im Gesicht und stehen neben sich. Wenn Körperkontakt nicht möglich ist, weil das Kind sich dagegen wehrt, und an ein Gespräch schon gar nicht zu denken ist, können Sie im Notfall Ihr Kind ablenken, damit es sich wieder beruhigt. Humor und Überraschung können beim Ablenken helfen. Sagen Sie irgendetwas, von dem Sie wissen, dass Ihr Kind darauf anspricht, z. B.: „Du, da war gerade ein Eichhörnchen auf unserem Nussbaum! Hast du es auch gesehen?" Sie können Ihr Kind auch ablenken, indem Sie ihm eine besondere Aufgabe stellen, etwa: „Heute war ich mit Minka beim Tierarzt. Sie muss eine Medizin gegen Würmer nehmen, und die darfst du ihr jetzt geben." Oder Sie kitzeln Ihr Kind, nehmen es Huckepack, zeigen ihm Babyfotos von sich oder singen Lieder. Lenken Sie Ihr Kind aber nur ab, wenn es anders nicht geht, denn Kinder sollen lernen, über ihre Gefühle zu sprechen und diese nicht zu verdrängen. Vergessen Sie deshalb nicht, nach dem Ablenkungsmanöver mit Ihrem Kind über den Vorfall zu reden.

Eine stabile Familie stärkt das Rückgrat

Ein Elternhaus, auf das sich Kinder verlassen können, hat nicht nur bei Angsterkrankungen, sondern auch bei gehäuf-

INFO

„Stiller Stuhl" und „Auszeit"

„Stiller Stuhl" und „Auszeit" sind Bestandteil des sogenannten Triple-P-Programms. Bei Triple P (Triple P, englisch: dreifaches P für Positive Parenting Program) handelt es sich um ein in den 1980er-Jahren entwickeltes Erziehungsprogramm. Der „Stille Stuhl" wird bei problematischem Verhalten eingesetzt. Das Kind bleibt in der Nähe der Eltern still sitzen und wird nicht beachtet. Zweijährige sitzen eine Minute, Drei- bis Fünfjährige zwei Minuten und Fünf- bis Zehnjährige fünf Minuten.

Die „Auszeit" wird bei schwerwiegenderem Problemverhalten angewandt. Das Kind kommt allein in einen vertrauten Raum und wird nach einer bestimmten Zeit (s. „Stiller Stuhl") wieder geholt. Diese Erziehungsmaßnahmen sind umstritten. Ein kurzer Abstand kann manchmal hilfreich sein, wenn beide Parteien festgefahren sind. Allerdings sind kleine Kinder oft überfordert, wenn sie allein in einen Raum gehen müssen. Die Kinder werden gezwungen, ihre Gefühle zunächst zu verdrängen, fühlen sich unverstanden, abgelehnt und allein gelassen. Falls Sie in absoluten Ausnahmesituationen diese Maßnahmen einsetzen wollen, sollten Sie die Zeit so kurz wie möglich halten und danach ausführlich mit Ihrem Kind reden.

tem Auftreten von Trotz und Aggression eine wichtige Bedeutung. Wenn die Eltern unterschiedliche Meinungen vertreten, zu schnell den Wünschen des Kindes nachgeben und selbst hin und wieder cholerische Ausbrüche bekommen, ist es nicht verwunderlich, wenn die Kinder selbst Probleme mit Wut und Aggressionen haben. Deshalb gelten auch hier die wichtigen Regeln: Seien Sie Ihren Kindern ein gutes Vorbild, und bemühen Sie sich um eine offene Kommunikation.

Familiäre Probleme

Manchmal liegen die Ursachen für gehäufte Wutanfälle und Aggressionen im sozialen Umfeld. Bei auffallend aggressivem Verhalten, das über einen längeren Zeitraum andauert, liegen fast immer Probleme in der Familie vor. Die Schwierigkeiten können vielfältiger Art sein. Möglicherweise sind es vorübergehende Krisen, die zu einer niedergedrückten Stimmung führen. Dazu gehören z. B. Unfälle, Krankheit, der Tod eines nahen Verwandten oder Arbeitslosigkeit. Diese Dinge rauben den Eltern Energie, die Ihnen beim Umgang mit den Kindern fehlt. Bitte reden Sie mit Ihren Kindern über die Krisen. Schon Zweijährige können verstehen, dass die Mama sich Sorgen macht, weil die Oma gerade im Krankenhaus liegt. Erklären Sie in einfachen Worten die Gründe für die Krisen und auch die Folgen, die möglicherweise eintreten, z. B.: „Wenn Papa nicht bald wieder eine neue Arbeit findet, haben wir nur noch wenig Geld. Dann können wir dir nur selten neues Spielzeug kaufen. Wir können nicht mehr in den Zoo, und der Urlaub muss auch ausfallen." Obwohl viele Kinder von entsprechenden Schicksalen sehr betroffen sind und noch Tage später davon erzählen, sollten Sie offen sein. Machen Sie deutlich, dass Ihr Kind für das, was geschehen ist, nicht verantwortlich ist. Nutzen Sie die Gelegenheit, mit Ihrem Kind angemessenes Sozialverhalten zu üben. Ihrem Kind wird es besser gehen, wenn es etwas Gutes tun kann. Es darf z. B. Blumen für die kranke Oma aussuchen. Dem Vater, der arbeitslos geworden ist, kann es sein Kuscheltier zum Trost bringen oder ihm ein Bild malen. Nehmen Sie sich Zeit für Ihr Kind, und reden Sie in dieser schwierigen Phase viel mit ihm. Etwas anders verhält es sich bei familiären Problemen, bei denen eine Besserung vorerst nicht in Sicht ist. Wenn Kinder es z. B. nicht anders kennen, als dass man sich in schwierigen Situationen mit Fäusten wehrt, ist es fast schon vorprogrammiert, dass sie eines Tages selbst um sich schlagen. Das Elternhaus hat einen entscheidenden Einfluss auf die spätere soziale Rolle der Kinder, und häufig werden schlechte Vorbilder imitiert. Wenn Sie sich in einer ausweglosen Situation befinden, sollten Sie sich Hilfe holen. Die Telefonnummer der Telefonseelsorge 0800/1110111 ist rund um die Uhr an sieben Tagen in der Woche besetzt. Dort haben Sie einen Ansprechpartner am Apparat, der Ihnen zuhören und weitere Adressen nennen kann, bei denen Sie individuell und auch schnell Hilfe erhalten können.

INFO

Was sind schwerwiegende familiäre Probleme?

Zu den massiven familiären Problemen, die teilweise gravierende Auswirkungen auf Kinder haben, gehören z. B.:

- Alkoholismus, Drogen- oder Medikamentenmissbrauch eines Elternteils oder beider Eltern
- körperliche Gewalt gegen Kinder oder einen Elternteil
- schwere Depressionen eines Elternteils
- Suizid eines Elternteils
- sexueller Missbrauch
- Dauerarbeitslosigkeit
- Überforderung und ständige Überlastung
- Vernachlässigung von Kindern und Haushalt

Unterschiedliche Meinungen der Eltern

Leni, vier Jahre, geht mit ihren Eltern zum Gärtner. Sie darf drei Pflanzen für den Garten aussuchen. Das macht ihr großen Spaß, aber sie ist mit drei Pflanzen nicht zufrieden und möchte noch mehr haben. Ihre Mutter sagt: „Nein. Wir haben von Anfang an festgelegt, dass es drei Pflanzen gibt. Und dabei bleibt es." Leni bekommt einen Wutanfall, bei dem sie wild um sich schlägt. Da fällt Lenis Vater ihrer Mutter in den Rücken: „Sei doch nicht so streng mit ihr. Ob nun drei oder fünf Pflanzen, das ist doch egal." Leni strahlt sofort wieder, aber jetzt giftet die Mutter ihren Mann an: „Halt du dich da bloß raus! Wir haben drei Pflanzen gesagt, und fertig!" Wenn zwei sich streiten, freut sich der Dritte. Lenis Eltern argumentieren lautstark und Leni weiß genau, dass sie gewinnen wird. Kurze Zeit später fährt der Wagen mit sieben neuen Pflanzen und einer triumphierenden Leni zur Kasse. Für ihre Eltern ist der Tag allerdings gelaufen. Mama ist jetzt die Böse und Papa der

Liebe, aber für Leni zählt v. a. das Ergebnis. Ihr Wutanfall hat sich gelohnt, auch wenn die Eltern im Moment nicht gut aufeinander zu sprechen sind.

Für Kinder ist es ungünstig, wenn die Eltern nicht an einem Strang ziehen. Natürlich kann es Meinungsverschiedenheiten geben, die konstruktiv diskutiert werden können, aber bei grundsätzlichen Erziehungsfragen sollten sich beide Elternteile einig sein. Deshalb sollten Sie wichtige Fragen frühzeitig miteinander besprechen und sich im Anschluss auch unbedingt an die vereinbarten Grundsätze halten. Wenn ein Elternteil mit dem Kind im Gespräch ist und seine Meinung durchsetzt, sollte der andere ihm nicht in den Rücken fallen und dagegenwettern, sonst denkt das Kind, es kann sie gegeneinander ausspielen. Wenn Eltern im Einzelfall anderer Meinung sind, sollten sie nach dem Vorfall unter vier Augen darüber reden und gemeinsam überlegen, wie sie sich entscheiden, wenn sich die Situation wiederholt. Nie sollten unterschiedliche Ansichten in Erziehungsfragen vor dem Kind diskutiert werden.

Zu schnelles Nachgeben

„Nach dem Sandmännchen schalten wir den Fernseher aus und gehen ins Bett." Die Mutter von Julius, drei Jahre,

bemüht sich, überzeugend zu klingen. Julius bekommt am Ende der Sendung einen kleinen Wutanfall, weil er weiter fernsehen möchte. „Ich habe gesagt, der Fernseher bleibt ausgeschaltet“, wiederholt die Mutter. Julius quengelt noch mehr. „Nein!“ Obwohl sie laut spricht, hört Julius ein gewisses Zögern in ihrer Stimme und weiß, dass er sie gleich so weit hat. Er fängt zu toben und zu brüllen an. Anfangs bleibt seine Mutter konsequent, doch nach zwei Minuten kann sie den tobenden Julius nicht mehr ertragen und schaltet den Fernseher wieder ein. Julius ist sehr zufrieden. Kinder bekommen sehr schnell heraus, bei welchem Elternteil und Sachverhalt sich Wutanfälle lohnen, weil die Eltern früher oder später doch klein beigeben. Für diese Wutanfälle wenden sie oft erstaunlich viel Energie auf. Sie haben gelernt, dass sie ihren Willen so durchsetzen können. Sie müssen nur lange genug Theater machen. Ihre Eltern dagegen sind häufig verzweifelt und hadern mit ihrem Erziehungsstil. Einerseits wünschen sie sich, dass ihr Kind glücklich ist, andererseits wissen sie genau, dass Grenzen und konsequentes Verhalten wichtig sind. Dabei vergessen sie, dass beides kein Widerspruch sein muss. Feste Regeln geben einen Rahmen vor, der dem Kind Verlässlichkeit schenkt. Studien zeigen, dass Kinder, die mit festen, aber nicht starren Grenzen aufwachsen, glücklicher sind als Kinder mit schwammigen Regeln. Kein Kind wird

INFO

Haben Sie Probleme mit Grenzen?
Manche Mütter und Väter tun sich mit einer konsequenten Erziehung schwer. Sie möchten das Beste für ihr Kind und wollen ihm alle Wünsche erfüllen. Oft liegt der Grund, warum sich Eltern mit Grenzen schwertun, an ihnen selbst. Horchen Sie deshalb in sich hinein, und beantworten Sie für sich ehrlich die folgenden Fragen:

- Haben Sie ein schlechtes Gewissen Ihrem Kind gegenüber? Vielleicht, weil Sie noch ein Baby haben oder weil Sie wieder arbeiten?
- Wurden Sie in Ihrer Kindheit zu streng erzogen, und haben Sie das Gefühl, es bei Ihren eigenen Kindern wiedergutmachen zu müssen?
- Haben Sie ein grundsätzliches Problem, Nein zu sagen? Sollten Sie Probleme haben, in der Erziehung Grenzen zu ziehen, kann es helfen, sich bei einer Erziehungsberatungsstelle Rat zu holen.

unglücklich, wenn es ein Spielzeugauto nicht bekommt oder nicht fernsehen darf. Glück hängt nämlich von anderen Dingen ab.

Die richtige Balance in der Erziehung

Viele Eltern können es kaum glauben, dass der Charakter eines Kindes eine untergeordnete Rolle bei Wutanfällen spielt und der Erziehung eine viel größere Bedeutung zukommt. Eine zu strenge oder zu lockere Erziehung kann dazu führen, dass Kinder verstärkt zu Aggressionen neigen. Ideal ist deshalb der goldene Mittelweg. Alles andere kann Kinder stark verunsichern. Bei einer zu strengen Erziehung gelten starre Regeln. Ausnahmen gibt es nicht. Kinder erleben die Eltern als sehr unflexibel und müssen nicht selten unter den Folgen dieser zu strengen Erziehung leiden. Das kann sie unglücklich machen, aber auch oft wütend und aggressiv. Bei einer zu weichen Erziehung drücken die Eltern immer und überall ein Auge zu. Spielregeln, an denen sich das Kind ori entieren kann, gibt es nicht. Oft fehlt nicht nur der Erziehungsrahmen, sondern auch ein fester Tagesablauf, weil sich Eltern mit einem zu lockeren Erziehungsstil auf fast jeden Wunsch des Kindes einlassen. Kein Wunder, dass es darauf mit Wutanfällen reagiert, denn es fragt sich: „Was darf ich eigentlich nicht?"

Besser als eine zu strenge oder zu lockere Erziehung ist es, wenn Sie feste Regeln, die aber nicht starr sind, aufstellen. Sie sollten flexibel sein und im Einzelfall die Regeln abändern. Sehen Sie Ihre Kinder als Partner an, aber seien Sie sich bewusst, dass immer Sie das letzte Wort haben.

Nehmen Sie die Kinder ernst, und beziehen Sie sie, wann immer es geht, mit ein. Übertragen Sie Ihren Kindern Verantwortung, und verteilen Sie an jedes Kind altersgerechte Aufgaben im Haushalt. Haben Sie stets ein offenes Ohr für die Wünsche Ihres Kindes, und suchen Sie so oft wie möglich nach vertretbaren Kompromissen.

INFO

Was hilft bei eigener Neigung zu Wutanfällen?

- Lernen Sie, Ihre Wünsche und Bedürfnisse angemessen und in normaler Lautstärke zu äußern. Ein Rhetorikseminar kann dabei hilfreich sein.
- Üben Sie in Rollenspielen konstruktives Streiten, ohne sich anzubrüllen.
- Treiben Sie regelmäßig Sport. Das macht Sie ausgeglichener.
- Suchen Sie sich geeignete Ventile, um Ihre angestaute Wut loszuwerden, wie z. B. einen Punchingball.
- Erlernen Sie Entspannungstechniken.
- Wenn die Wut übermächtig wird, gehen Sie in den Wald, und brüllen Sie einen Baum an. Oder besuchen Sie eine Autowaschanlage, in der Sie sitzen bleiben dürfen, und schreien Sie Ihre Wut (allein) im Auto heraus.
- Planen Sie ein festes Gesprächsritual mit Ihrem Partner am Abend ein.
- Suchen Sie sich professionelle Hilfe, wenn die Wutanfälle nicht nachlassen.

Was langfristig hilft

Die Erste-Hilfe-Tipps bei Wutanfällen ab S. 73 sind als Sofortmaßnahmen in der konkreten Situation gedacht. Längerfristig können Sie mit verschiedenen Maßnahmen Trotz- und Wutanfällen vorbeugen. Dazu gehört in erster Linie Sport, der Kinder ausgeglichen und friedfertiger macht.

Spiele

Übungen und Spiele können helfen, Spannungen abzubauen und Aggressionen und Wutanfällen vorzubeugen. Ihrer Fantasie sind beim Erfinden von Spielen keine Grenzen gesetzt. Häufig sind es aber die Kinder selbst, die hervorragende Spielideen haben, die oft auch noch heilsam sind. Hier finden Sie einige Anregungen.

Märchen nachspielen: Märchen mit Feen, Elfen und weiteren Fabelwesen regen die Fantasie der Kinder an. Sie machen Kinder mit Gut und Böse vertraut, wecken Hoffnung, sprechen die kleinen Seelen an und entführen sie in Welten fernab von Fernsehern oder Computern. In vielen Märchen spiegeln sich typische Handlungsmuster wieder, die Kinder bereits kennen. Manche Märchen sind grausam, aber Kinder können damit meistens besser umgehen, als Erwachsene denken. Sie sind zufrieden, wenn den „Bösen" eine gerechte Strafe droht und die „Guten" belohnt werden. Wenn Sie Ihren Kindern Märchen vorlesen, sollten Sie anschließend ihre Fragen beantworten. Für den Anfang empfehlen sich kurze Märchen ohne blutige Details. Wenn Sie ein Märchen vorgelesen haben, dürfen die Kinder es gemeinsam nachspielen. Jedes Kind kann sich dabei selbst die Rolle aussuchen, die es gerne spielen möchte.

Spiel mit Handpuppen: Besorgen Sie sich Handpuppen und -tiere, die ganz unterschiedliche Typen darstellen: die liebe Prinzessin, den aggressiven Löwen, das gutmütige Schaf, den verrückten Clown, den neugierigen Hund, den schlauen Fuchs, den ängstlichen Hasen etc. Mit den Handpuppen können Sie gemeinsam mit Ihrem Kind Wutanfälle, Aggressionen etc. nachspielen. Lassen Sie das Kind eine Figur auswählen und sich selbst spielen. Suchen Sie sich nun eine passende Puppe, und gehen Sie mit übertriebener Stimme auf die Figur des Kindes ein. Sagen Sie z. B.: „Der Löwe ist aber vorhin ganz schön wütend geworden. Was können wir denn dagegen tun?" Wenn Sie das Kind mit Ihrem Spiel fesseln, wird es vielleicht lachen und anschließend eine passende Lösung vorschlagen.

Mandalas malen: Das Wort „Mandala" kommt aus dem Altindischen und bedeutet übersetzt „Kreis". Mandalas sind meistens kreisförmige bunte Bilder mit einem Zentrum, die ursprünglich eine religiöse Bedeutung hatten. Es gibt Bücher mit Mandalas, die von Kindern und natürlich auch Erwachsenen ausgemalt werden können. Die symbolische Bedeutung des Kreises, bei dem sich Anfang

und Ende treffen, spielt beim Ausmalen eine große Rolle. Mandala malen beruhigt und entspannt. Wer ein Mandala malt, bekommt neue Kraft und spürt tiefen inneren Frieden. Eine Vorlage für ein Mandala finden Sie auf S. 13.

Clownspiel: Besorgen Sie in einem Geschäft für Zauberer und Jongleure eine Clownmaske aus Schaumgummi. Wenn sich Ihr Kind in einen Wutanfall hineingesteigert hat oder aggressives Verhalten zeigt, setzen Sie die Clownmaske auf. Ihr Kind wird gleich lachen.

TIPP

Mandalas für die ganze Familie

Mandala malen ist ein schöner Zeitvertreib für die ganze Familie, der zusammenschweißt und der Seele guttut. Wenn Sie nicht malen möchten, können Sie ein Mandala auch mit Zauberwolle, Filz, Buntpapier, Perlen, bunten Stoffresten oder Knetmasse gestalten. Doch Mandalas müssen nicht immer zu Hause gemacht werden. Gehen Sie mit Ihren Kindern ins Freie, und malen Sie mit einem Stock ein Mandala in den Sand, oder legen Sie aus bunten Kieselsteinen oder Kastanien ein Mandala.

Spielen Sie nun als Clown mit übertriebener Gestik die Situation nach. Machen Sie eine Verbeugung, bewegen Sie die Arme, und sagen Sie etwas Lustiges, um die Lage zu entschärfen. Ihr Kind wird sich freuen, wenn Sie Faxen machen, und den Wutanfall aus einem anderen Blickwinkel sehen. Sprechen Sie nach dem Clownspiel mit Ihrem Kind über die Situation, die Sie nachgespielt haben. So bekommt Ihr Kind noch einige wichtige Denkanstöße. Clownmasken sollten aber dem Entschärfen von kritischen Situationen vorbehalten bleiben. Wenn Sie die Maske Ihrem Kind zum täglichen Spiel überlassen, wird sie schnell langweilig, und die gewünschte Wirkung bleibt aus.

Massage: Bei einer Massage sprechen die Hände. Sie sorgt für wohlige Entspannung und hilft auch zappeligen Kindern, sich zu beruhigen. Unter den einfühlsamen Händen lassen sich die Kleinen fallen und genießen die angenehme Wirkung der Berührung. Das Kind fühlt sich angenommen und gut aufgehoben. Wärmen Sie unbedingt Ihre Hände an, wenn sie kalt sind, und verwenden Sie natives Olivenöl oder Babyöl. Wenn Ihr Kind nicht allergisch reagiert, können Sie zwei Tropfen Lavendelöl hinzufügen, da es die beruhigende Wirkung unterstreicht. Wärmen Sie auch das Öl leicht an. Legen Sie eine CD mit Entspannungsmusik auf, und verteilen Sie Öl auf dem Rücken des Kindes. Streichen, kneten, reiben und streicheln Sie Ihr Kind. Richten Sie sich dabei nach den Bedürfnissen des Kindes, und machen Sie die Massage fester oder sanfter, wenn es Sie darum bittet. Wenn Sie damit fertig sind, darf Ihr Kind Sie massieren.

Massagegeschichte für Kinder

Mit Igel Ede durch das Jahr
Igel Ede liegt unter einem Blätterberg und schläft. Eines Tages tritt die Sonne hinter den Wolken hervor und scheint ganz hell. *(Mit den Händen in großen Kreisen über den Rücken fahren.)* Sie kitzelt Igel Ede im Nacken. *(Sanft mit den Fingerspitzen im Nacken kitzeln.)* Es ist Frühling! Igel Ede wacht auf und freut sich über die helle Sonne. *(Hände wieder kreisen lassen.)* Er steht auf und trippelt los: tripp-tripp-tripp. *(Mit den Fingerspitzen überall auf dem Rücken tippeln.)* Es wird immer wärmer und wärmer, und bald ist der Sommer da. *(Hand kreisen lassen.)* Ab und zu regnet es auch. *(Mit den Fingerspitzen überall auf dem Rücken tippeln.)* Und irgendwann kommt der große Herbststurm. *(Mit den Handballen mehrmals etwas kräftiger von unten nach oben über den Rücken streichen.)* Die Blätter fallen. *(Hier und da sanft mit Daumen, Mittel- und Zeigefinger auf den Rücken tippen.)* Langsam wird es wieder Zeit für den Winterschlaf. Igel Ede sucht sich einen neuen Blätterberg, verkriecht sich dort und hat es schön warm. *(Mit den Unterarmen den Rücken ganz bedecken.)* Igel Ede schläft ein. Er merkt gar nicht, dass es Winter wird und die Schneeflocken fallen. *(Sanft mit den Fingerspitzen über den Rücken tupfen.)* Eine dicke Schneedecke legt sich auf die Erde. *(Mit den Handflächen über den ganzen Rücken von oben nach unten wischen.)* Doch irgendwann, nach langer Zeit, wird es wieder Frühling. Die Sonne tritt hinter den Wolken hervor und scheint ganz hell. *(Mit den Händen in großen Kreisen über den Rücken fahren.)* Sie kitzelt Igel Ede im Nacken. *(Sanft mit den Fingerspitzen im Nacken kitzeln.)* Igel Ede wacht auf und ein neues Jahr beginnt. *(Nun können Sie wieder von vorne beginnen oder die Massage beenden.)*

Meditation

Meditation kann sowohl bei Ängsten als auch bei Aggressionen sinnvoll sein und Kindern helfen, sich zu beruhigen, zu entspannen und die innere Mitte wiederzufinden. Meistens bestehen Meditationen aus Konzentrations- und Achtsamkeitsübungen. Sie sind gesundheitsfördernd, sorgen für guten Nachtschlaf und erlauben einen Zustand, der frei von störenden Gedanken ist.

Sonnenmeditation: Die Sonnenmeditation wärmt und schenkt Freude. Nehmen Sie einen Metallteller oder ein goldfarbenes Stück Stoff, auf das Sie in einem Kreis Teelichter stellen. Setzen Sie sich mit Ihrem Kind entspannt um die brennenden Teelichter, und sprechen Sie folgende Sätze: „Die Sonne ist groß und hell. Sie schenkt uns Licht und Leben. Sie wärmt und macht uns glücklich. Wir freuen uns über jeden Tag, an dem die

Sonne scheint. Wenn du magst, dann schließe jetzt deine Augen, und höre meiner Stimme zu. Die Sonne tut gut. Sie wärmt angenehm deine Haut. Lege deine rechte Hand auf dein Herz und darüber die linke Hand. Stell dir vor, dass in dir eine kleine Sonne leuchtet. Die Sonne wird größer und größer, sie wärmt deine Hände und deinen Körper. Die Sonne wächst über dich hinaus. Sie strahlt mit dir. Sie macht dich froh und glücklich. Öffne langsam deine Augen, und lass die Wirkung der Sonne nachspüren."

Augenlesen: Beim Augenlesen konzentrieren Sie sich ganz auf Ihr Gegenüber und versuchen, in seinen Augen zu lesen. Setzen Sie sich bequem gegenüber von Ihrem Kind hin, z. B. auf einer Blumenwiese. Schauen Sie sich tief in die Augen, und versuchen Sie, in seinen Augen zu lesen. Sprechen Sie dabei nicht, sondern suchen Sie die Seele Ihres Kindes und umgekehrt.

Möglicherweise fängt Ihr Kind bei dieser Übung zu kichern an. Versuchen Sie, das zu ignorieren. Diese Meditationsübung ist beendet, wenn einer wegschaut. Sprechen Sie anschließend über Ihre Gefühle und Gedanken während des Augenlesens.

Meeresmeditation: Die Meeresmeditation schenkt Ruhe und Frieden. Bitten Sie Ihr Kind, sich bequem hinzusetzen oder zu legen, seine Augen zu schließen und sich zu entspannen. Sprechen Sie nun die folgenden Sätze: „Du bist ganz entspannt. Nichts mehr in dir ist verkrampft, alles wird nach und nach locker. Du spürst, wie dein Atem fließt. Konzentriere dich auf das, was ich dir sage, und lass keine störenden Gedanken mehr zu. Stell dir vor, du würdest am Strand liegen. Du spürst den warmen Sand unter deinem Körper. Die Wellen des Meeres brechen gegen den Strand. Die Sonne steht hoch am Horizont und lässt das Wasser des Meeres glitzern. Es ist Sommer. Das Meer riecht angenehm. Du fühlst die Sonne auf deiner Haut. Das Meer rauscht gleichmäßig. Du atmest ruhig. Strecke dich, atme ein paarmal tief ein, und öffne wieder langsam deine Augen."

Höhlengeheimnis: Bei dieser Meditation darf Ihr Kind einen verborgenen Schatz suchen. Bitten Sie Ihr Kind, es sich bequem zu machen, seine Augen zu schließen, und sprechen Sie folgende Sätze: „Entspanne dich. Lass all deine Muskeln locker. Spüre, wie nach und nach deine Arme und Beine locker werden und wie sich deine inneren Organe entspannen.

Atme ruhig und tief. Verscheuche die störenden Gedanken, und lass dich fallen. Stell dir vor, du wärst auf einer hellen Waldlichtung. Die Sonne scheint, die Vögel singen. Hinter einer großen Eiche entdeckst du den Eingang zu einer verborgenen Höhle. Neugierig trittst du ein. Es ist kühl in der Höhle, aber im Inneren brennt ein Licht. Du hörst zarte Harfentöne und gehst vorsichtig weiter in die Höhle. Du entdeckst, dass in der Höhle ein großes Regal mit lauter schönen Dingen steht. Du darfst dir eins davon als Geschenk aussuchen und mitnehmen. Trete aus der Höhle aus. Das Sonnenlicht blendet ein wenig. Es ist warm. Öffne langsam deine Augen." Wenn das Kind möchte, kann es Ihnen mitteilen, was es sich ausgesucht hat.

Bewegung

Kleine Kinder haben ein natürliches Bedürfnis nach Bewegung. Leider ist es heutzutage nicht einfach, diesem Drang nachzugeben. Viele Familien leben in kleinen Wohnungen ohne Garten. In

Großstädten ist der Weg zum nächsten Park oft weit, und auch in kleinen Dörfern ist das Spiel im Freien durch den starken Verkehr oft eingeschränkt. Fernsehen und Computer bedingen, dass Kinder zu viel sitzen. Doch Bewegung ist unerlässlich für Kinder. Kleine Kinder sollten keinen Hochleistungssport betreiben, sondern sich der körperlichen Betätigung spielerisch nähern.

- Halten Sie sich zu jeder Jahreszeit mit Ihrem Kind häufig im Freien auf: Im Frühling können Sie im Wald Vogelstimmen zuhören, im Sommer baden und Fahrrad fahren, im Herbst Blätter und Kastanien sammeln und im Winter Schneeballschlachten machen und Schneemänner bauen.
- Auch in kleinen Wohnungen ist Bewegung möglich: Legen Sie eine Matratze zum Toben ins Kinderzimmer, rennen Sie mit Ihrem Kind um den Esstisch, oder bringen Sie eine Turnstange am Türrahmen an.
- Gehen Sie möglichst viel zu Fuß bzw. mit Dreirad, Roller, Lauf- oder Fahrrad.
- Machen Sie Tanzspiele mit Ihrem Kind.

Studien haben erwiesen, dass Bewegung nicht nur für geistigen und körperlichen Ausgleich sorgt und die Kinder weniger aggressiv macht, sondern dass regelmäßige Bewegung auch der Intelligenz förderlich ist.

Wann ist ein Arztbesuch erforderlich?

Normalerweise lassen Trotzanfälle und Aggressionen im Laufe der kindlichen Entwicklung nach und sind nicht behandlungsbedürftig. Es gibt aber einige Ausnahmefälle, bei denen Sie sich an einen Arzt wenden sollten:

- Wenn Ihr Kind sich so in die Wutanfälle hineinsteigert, dass es bewusstlos wird.
- Wenn das Kind gegen sich selbst aggressives Verhalten zeigt und sich dabei verletzt.
- Wenn das Kind wiederholt Tiere quält, auch wenn Sie ihm erklärt haben, warum es das nicht tun darf.
- Wenn das Kind zu einem jüngeren Geschwisterkind oder anderen Kindern wiederholt sehr aggressiv ist, massiv schlägt, kratzt, beißt und von dem Verhalten auch nach wiederholten Gesprächen nicht ablässt.
- Wenn Ihr Kind sehr ungehorsam, streitsüchtig oder tyrannisch ist, ständig Dinge zerstört und ungewöhnlich häufige und auch schwere Wutausbrüche hat.

Register

Bildnachweis

Wir bedanken uns bei allen Bildlieferanten, die uns mit der Bereitstellung der Abbildungen freundlicherweise unterstützt haben.

fotolia.com: Alicia Shields 4; Jean Kobben 5; FotoMike 1976 7; 77Simon Gruber 9; Monkey Business 10, 70; Gorilla 12; Lucky 13; Elena kouptsova-vasi 19; Michael Kempf 21; NiDerLander 22; Alexey Bannykh 24; Renata Osinska 25; Ivanna Buldakova 27; photobunny 29; Simone van den Berg 31; Cynthia mcfarland 40; Gennadiy Poznyakov 45; ALEXANDRA 47; Igor Negovelov 49; sterneleben 52; Anna Kowolik 60; GordonGrand 73; contrastwerkstatt 76, 88; Kzenon 85; Nobilior 89; brozova 91; Miredi 93

Getty Images: Photographer's Choice/LWA 15

iStockphoto.com: cunfek 35; FrankyDeMeyer 38, 53; VMJones 46; izanoza 55; kaisphoto 58; TatyanaGl 64; kate_sept2004 68; Marina_Di 79; realPHOTO 83

Oppenauer, Doris: 62, 90